FRESHER FACTS

De beste gebouwen van jonge architecten in Nederland

The Best Buildings by Young Architects in the Netherlands

NAi Uitgevers/Publishers

Inhoud / Contents

De feiten

Dit zijn de laatste feiten over de gebouwen die jonge Nederlandse architecten maken. Feit: je kunt door het ontwerp het programma heruitvinden. Feit: natuur is mensenwerk. Feit: huisvesting en openbare ruimte kunnen samen nieuwe stedelijke realiteiten scheppen. Feit: infrastructuur kan nieuwe ruimten opleveren. Dat dit feiten zijn bewijzen de ontwerpen van de vier finalisten voor de AM NAi Prijs 2004.

Een ander feit is dat de positie van het ontwerp overal ter discussie staat. Meer en meer gebouwen worden geproduceerd naar vooraf gestelde regels. Bouwvoorschriften, milieu- en veiligheidsvoorschriften, financiële calculaties, bestemmingsplannen, welstandsbeperkingen en ruimtegebruikformules zijn zo gedetailleerd geworden en zozeer gerationaliseerd, dat er voor een architect vaak niet veel meer te doen is dan het aan deze vooraf gestelde parameters inherente rekenwerk uitvoeren. De architect wordt een smart agent, een soort zoekmachine, die de beschikbare formules, materialen en technieken afspeurt op zoek naar de economisch optimale combinatie. Nadat deze vergelijking is opgelost, hoeft men de uitkomst nog slechts in te kleden in een uiterlijk dat voor de opdrachtgever, de gebruiker, de instanties en de buren acceptabel is en dat uiterlijk vervolgens aan alle partijen te verkopen, inclusief de architectuurpers. Ook hier zijn formules voor, hoezeer onze cultuur zulke harde realiteiten ook mystificeert met het aura van de charismatische créateur. Het zal niet lang meer duren of zulke smart agents worden ingebouwd in nieuwe computer- en communicatietechnologieën. Sterker nog: dat zijn ze al, althans op het terrein van de woningarchitectuur, waar steeds meer opdrachtgevers hun eigen huis samenstellen met behulp van goedkope softwarepakketten.

Wat voor de architect overblijft om te doen is een alternatief bieden voor het voorspelbare resultaat van dit soort reactieve ontwerpmethoden. Nederland heeft daartoe, om allerlei historische redenen, ook mogelijkheden geschapen. De fundamentele voorwaarde voor een beweging in de richting van een herconceptualisering van de architectuur is de erkenning dat er geen gegeven parameters bestaan, geen vaste grond, en geen onomstotelijke constanten waarbinnen men met variabelen kan spelen. Ook de grond zelf is door mensen gemaakt, optimale uitkomsten komen voort uit onderhandelingen, en feiten worden door en in de analyse geconstrueerd.

Concreet betekent dit dat de locatie altijd voor discussie vatbaar is: in hoogte en diepte kan ze worden uitgebreid door hybride vormen van grondgebruik, ondergronds bouwen en andere ruimtescheppende uitvindingen, terwijl het bestaande landschap kan worden opgevat als een historische fase. Het is een momentopname van een evenwicht tussen mobiele krachten en dus veranderbaar. Het gebruik van de grond is naar zijn aard tijdelijk en ingebed in het zich voortdurend ontwikkelende karakter van de door mensen gemaakte omgeving – en moet dus niet opgevat worden als het overhevelen van ruimte naar het private domein. Mensen leven in en bij de gratie van een sociale consensus en de architectuur moet dit feit weerspiegelen. De activiteiten die in dit domein plaatsvinden zijn het product van sociaal-economische krachten en iedereen is bij deze productie betrokken, of zou dat moeten zijn. Zo moet de architectuur worden beschouwd als het in bezit nemen en herconceptualiseren van een fragment van de werkelijkheid, om zo een toneel op te bouwen waarop iedereen de rol kiest die hij of zij in ons maatschappelijk drama wil spelen. Tenslotte moet architectuur niet alleen worden opgevat als het maken van objecten, maar ook als het scheppen van collectieve structuren die ons samenbrengen in de realisatie – in beide betekenissen van het woord – van het karakter van onze maatschappij. Architectuur is geopenbaarde infrastructuur.

Dat zijn de feiten die in dit boek gepresenteerd worden, en aangetoond worden door de vier ontwerpen die zijn genomineerd voor de AM NAi Prijs 2004. Wij van het Nederlands Architectuurinstituut hopen en vertrouwen dat deze feiten de gegevenheden zullen worden die de volgende generatie architecten kan gebruiken in de oorlog tegen de realiteit.

Tot slot is het ook een feit dat dit boek en de AM NAi Prijs niet waren mogelijk geweest zonder de harde inspanningen van Saskia van Stein en Marieke Bous van het NAi, van de juryleden, van Véronique Patteeuw van NAi Uitgevers en het inspirerende leiderschap bij AM, in het bijzonder van Peter van Veghel, Peter Ruigrok, Hans van Veggel en Peter Noordanus.

Aaron Betsky
Directeur Nederlands Architectuurinstituut

Just the Facts

These are the fresher facts about the buildings young Dutch architects are producing. Fact: you can reinvent programme through design. Fact: nature is an artifice. Fact: housing and public space can together construct new urban realities. Fact: infrastructure can provide new spaces. The four finalists for the AM NAI Prize 2004 prove these facts in their designs.

It is also a fact that the position of design is everywhere in question. More and more buildings are defined by pre-set rules. Building codes, life and safety regulations, financial calculations, zoning and aesthetic restrictions, and space use formulas have become so refined and so rationalized that there is often very little for an architect to do beyond following the arithmetic inherent in these parameters. The architect becomes a smart agent, browsing available formulas, materials and technologies to obtain the economically optimal combination. All that remains once this equation has been solved is to cloak the result in an image that is acceptable to client, user, regulatory agency and neighbours, and then sell that image to all parties, as well as to the architecture press. Here, too, formulas are at work, however much our culture mystifies such hard-edged realities with the aura of the charismatic creator. Pretty soon such agents will be embedded within new computer and communication technologies. In fact, they already are, at least in the realm of domestic architecture, where more and more clients put their own homes together with the help of cheap software packages.

What is left for the architect is to offer an alternative to the predictable outcome of such a reactive form of design. The Netherlands has, for various historical reasons, developed possibilities for doing so. Fundamental to this movement towards a re-conceptualization of architecture is the realization that there are no given parameters, no solid ground, no set constants against which one can play out variables. The ground itself is artificial, optimal results come out of negotiation, and facts are constructed through and in analysis.

In concrete terms, this means that the site is always open to question, both in the sense that it can be extended up and down through hybrid uses of land, underground building and other inventions of space, and in the sense that the existing landscape is understood as being historically relative. It is a momentary resolution of mobile forces and thus can be altered. The inhabitation of that land is understood as being by its nature temporary and integrated with the ever-developing character of the human-made environment, instead of it being a siphoning of space into the private realm. One lives by and in social consensus, and architecture must reflect this fact. The activities that take place within this realm are the product of socio-economic forces, and everybody is or should be an active participant in this production. Thus architecture has to be understood as the capturing and re-conceptualization of a fragment of reality in order to create a scene on which everybody can act out the part they would like to play in aour social drama. Finally, architecture has to be understood not just as the making of objects, but also as the creation of collective structures that draw us together into a realization, in both senses of that word, of the nature of our society. Architecture is infrastructure revealed.

These are the facts presented in this book and proven by the four projects nominated for the AM NAI Prize 2004. We at the Netherlands Architecture Institute hope and trust that they will become the facts on the ground with which the next generation of architects will wage war on reality.

Finally, it is also a fact that this book and the AM NAI Prize as a whole could not have been produced without the hard work of Saskia van Stein, Marieke Bous of the NAI, of the Members of the Jury, of Véronique Patteeuw of NAi Publishers, and of the enlightened leadership at AM, including especially Peter van Veghel, Peter Ruigrok, Hans van Veggel and Peter Noordanus.

Aaron Betsky
Director, Netherlands Architecture Institute

SHER
UCTS

NL ARCHITECTS
THE BASKETBAR

'Je kunt geen hiphop tijdschrift openslaan of het staat vol met basketbal'

Lucas Verweij in gesprek met Walter van Dijk, NL Architects.

Op het universiteitsterrein de Uithof in Utrecht mag sinds kort gewoond worden. Het kan nu een echte campus gaan worden. In het masterplan van Rem Koolhaas voor het gebied wordt onder andere gepleit voor meer stedelijkheid en meer verdichting. Die oproep is aan NL Architects wel besteed: de transformatie van een boekwinkel tot grand café wordt aangegrepen om de gewenste stedelijkheid vorm te geven.
De basketbar, een samenvoeging van basketbal en bar, voegt een stedelijk icoon toe aan het universiteitsterrein. Op het dak van het café zit een sportveld in een grote pompeuze kooi die als ballenvanger fungeert.
Omdat NL eerder gevels vormgaf als klimwand en rots kan hier van een 'typisch NL-gebouw' gesproken worden. De expressieve, ironisch geladen daadkracht kan echter de toeschouwer enigszins verblinden. Het gebouw is bepaald geen oneliner. Het is zorgvuldig, precies en met architectonische intelligentie ontworpen.

Walter van Dijk: De basketbar valt volkomen natuurlijk op zijn plek en voelt niet als toegevoegd aan het gebouw. Hij nestelt zich op een contemporaine manier in de omgeving uit de jaren zestig. De basketbar is er zacht geland, het is geen architectenstatement.
Het plan van Koolhaas stelt voor tot aan de rooilijnen te bouwen. Dat hebben wij gedaan. We hebben het bestaande doosje extreem uitgerekt en zijn zo tegen 56 meter rooilijn aan gaan zitten. De bestaande bebouwing was maar twee meter zestig hoog, terwijl in de opdracht gevraagd werd om een grand café. Men suggereerde dan ook er een verdieping bovenop te maken. Wij wilden dat niet, omdat we de platheid van de bebouwing waardeerden als reactie op het hoge gebouw erboven. Het basketbalveld heeft nu bovendien een relatie met het maaiveld, en die was verloren gegaan als het dak verder opgetild zou worden. We hebben de hele vloer in het café een meter twintig verlaagd, precies naar barhoogte. Vloerhoogte buiten is dus barhoogte binnen. Door die verlaging wordt het gebouw drie meter tachtig hoog en dat is passend voor een grand café. Om een kolomvrije ruimte te maken hebben we stijlen van de gevel dragend gemaakt. Het is eigenlijk een constructief

hoogstandje, waar we constructeur Rob Nijsse dank voor verschuldigd zijn.

Een basketbalveld is typisch een icoon van stedelijke en zwarte cultuur. Je kunt geen hiphop tijdschrift openslaan of het staat vol met basketbal, het zinnebeeld van stedelijk leven. De Utrechtse campus ontbeerde dat. Basketbal is bovendien een flexibel spel. Je hoeft geen afspraak te maken om het te spelen en je kunt het alleen, of met één, twee of zelfs vier teams spelen. Eén bestuurslid van de universiteit maakte bezwaar tegen basketbal. Hij vond het te banaal. Toen hebben we snel onderzoek gedaan naar het ontstaan van de sport. Basketbal bleek ontwikkeld te zijn door een Amerikaanse professor die de studenten afwisseling wilde bieden voor hun zware intellectuele arbeid. Met dat argument werd het verzet van het bestuurslid gebroken.

Het sportveld is volledig openbaar. De toegang komt zonder hek uit op de straat. De kolommen om het veld heen zijn veel zwaarder dan normaal omdat we geen kruizen wilden gebruiken om het stabiel te maken. De kolommen bleken dik genoeg om er de luchtafvoer van de keuken in te maken. Twee kolommen en de bovenregel dienen nu als schoorsteen voor de vaatwasmachines en acht andere voeren etenslucht af. Bij kou zal er stoom uit de kolommen komen en als je aan het basketballen bent kun je ruiken dat de bitterballen klaar zijn. Het vereiste veel vernuft om het beeld simpel te houden. Het beeld van het gebouw is ongecompliceerd, maar het is een wolf in schaapskleren.

NL Architects afficheert zich nadrukkelijk met zijn Nederlandse afkomst. De naam bevat de meest gebruikte afkorting voor Nederland en het logo is het internationaal kenteken met een piepkleine toevoeging: een punt. Een wit ovaal met daarin NL in kapitalen, dat officieel nog steeds verplicht is voor elke personenauto die de grens oversteekt. Op de homepage van NL is een foto van de oprichters te zien in Volendammer klederdracht. NL lijkt de vaandeldrager van de Hollandse architectuur in de jaren negentig te willen zijn. Het zit vol ideeën, die soms grappig en ironisch zijn. De groei naar een normaal bouwend bureau verliep echter traag en NL voelt zich nog altijd underdog. Neemt de architectuurwereld NL niet serieus genoeg?

Van Dijk: NL Architects was een marketingtruc. Je kon toen al voelen dat Nederlandse architectuur zou gaan boomen. Maar we hebben wel degelijk ook veel respect en liefde voor de geschiedenis van het Nederlandse ontwerp. En sinds kort hebben we ons eerste Nederlandse personeelslid. Je begint iets als een grap en die vult zich vanzelf in. Aanvankelijk hadden we een lijst met 1500 mogelijke bureaunamen waaruit we niet konden kiezen. Omdat er een tentoonstelling in het buitenland op stapel stond kozen we voor NL. De bumpersticker verwijst naar de bron van onze samenwerking: een Ford Escort waarin we tijdens onze studie carpoolden. Wij bouwen niet zoveel. Ontzettend veel plannen gaan niet door, of het duurt krank-

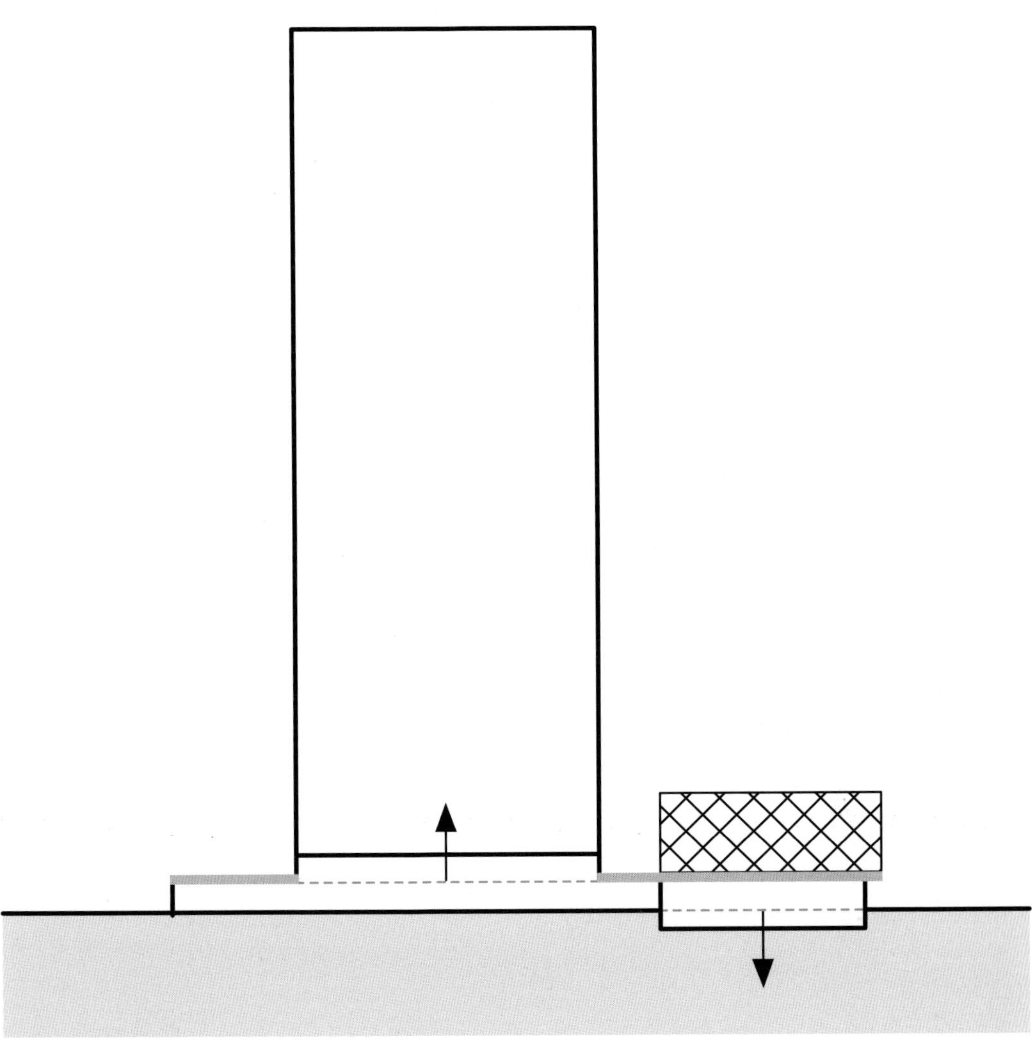

Spaceflip

zinnig lang. Het is voor een bureau van onze omvang moeilijk om mee te doen aan internationale aanbestedingen, omdat je daarvoor een minimumomzet moet hebben en een relevant project moet hebben gerealiseerd. Wij komen vaak niet door selecties heen. Opdrachtgevers zijn bang dat we iets duurs of ingewikkelds gaan maken. Je zou het een imagoprobleem kunnen noemen. Maar we werken altijd binnen budget. Dat blijkt echter geen garantie voor het doorgaan van een project. Ons sterke punt is dat we disproportioneel veel aandacht weten te vestigen op wat doen. En op een bepaalde manier is publiceren bijna net zo leuk als bouwen.

Vinden jullie jezelf conceptuele ontwerpers?

Van Dijk: Wij geloven in ideeën. Het is belangrijk een sturend idee te hebben om ontwerpbeslissingen te nemen. Wij vinden een gebouw leuk als het weinig parameters inzet om tot verandering te komen. We houden van strakke 'editing'. Dat zou je conceptueel kunnen noemen. Door overbelichting van een bepaald aspect kan een gebouw expliciet ergens over gaan. Dat maakt het communicatief en zo'n aanpak is altijd gebaseerd op een idee of analyse. De ontwerpen volgen een bepaalde logica die consequent wordt doordacht. Dat kan verrassende en soms surreële uitkomsten hebben.

NL Architects

NL Architects is in 1997 opgericht door Pieter Bannenberg, Walter van Dijk, Kamiel Klaasse en Mark Linnemann, de huidige vier partners. Zij werken echter al samen sinds het begin van de jaren negentig. Aangezien zij in Amsterdam woonden en in Delft studeerden begonnen ze als 'carpool bureau'. Hun eerste kantoor was een blue-metallic Ford Escort Station. Ze beschouwen zichzelf in die zin als autodidact. De terugkerende fascinatie met mobiliteit en asfalt is terug te voeren op hun 'opleiding' op de snelweg. De bumpersticker als logo is dan ook goed te begrijpen; de punt voor de NL geeft aan dat ze ook weg zijn van de digitale snelweg. Begin 2003 heeft Mark Linnemann het bureau verlaten. Buiten de partners heeft het bureau een wisselende bezetting van zes tot tien medewerkers en stagiaires afkomstig uit vele landen.
www.nlarchitects.nl

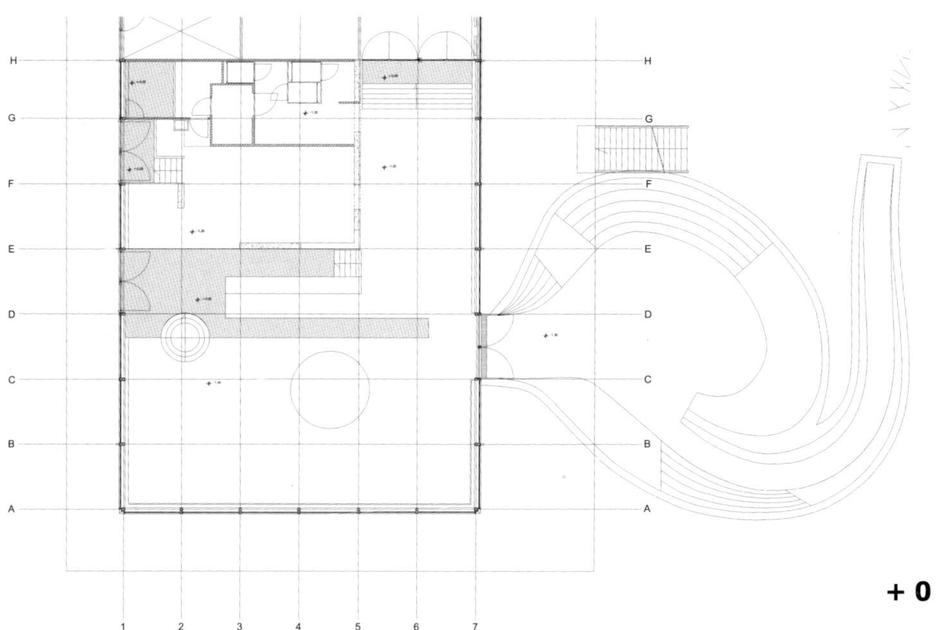

+ 0

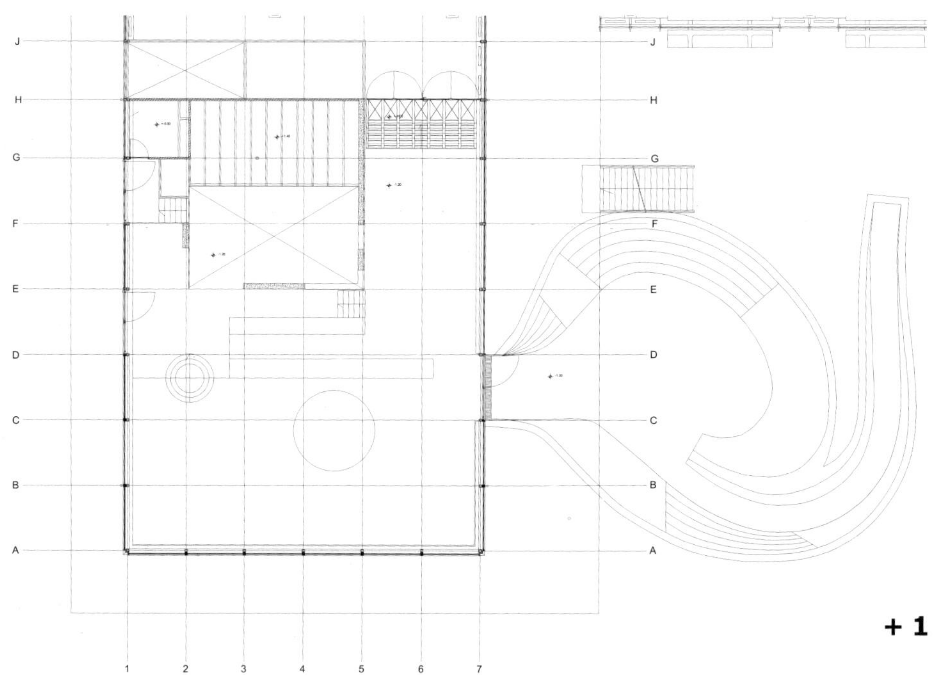

+ 1

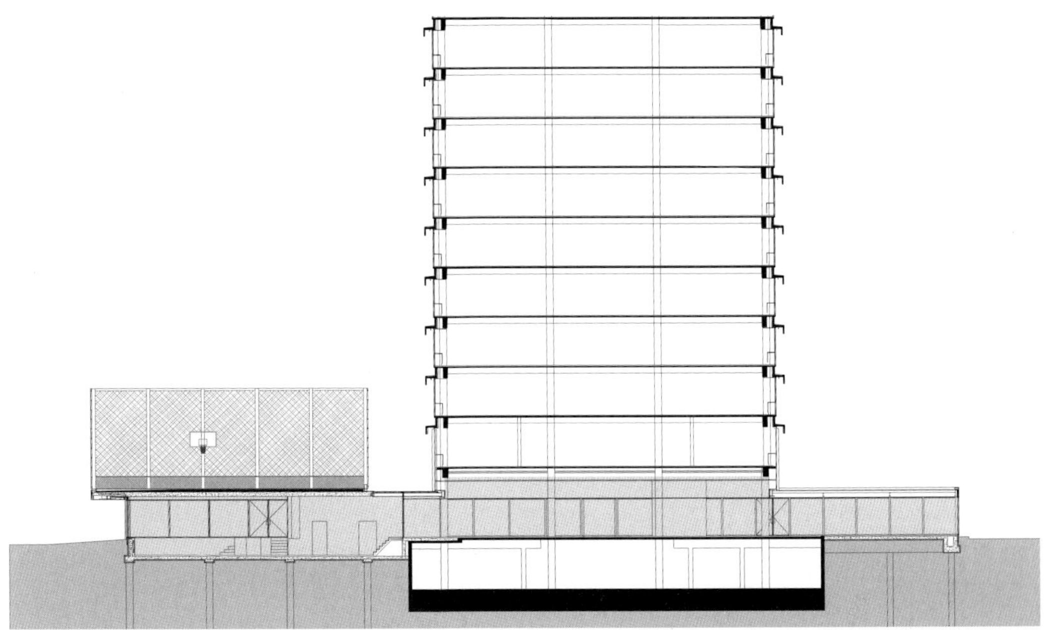

doorsnede/section

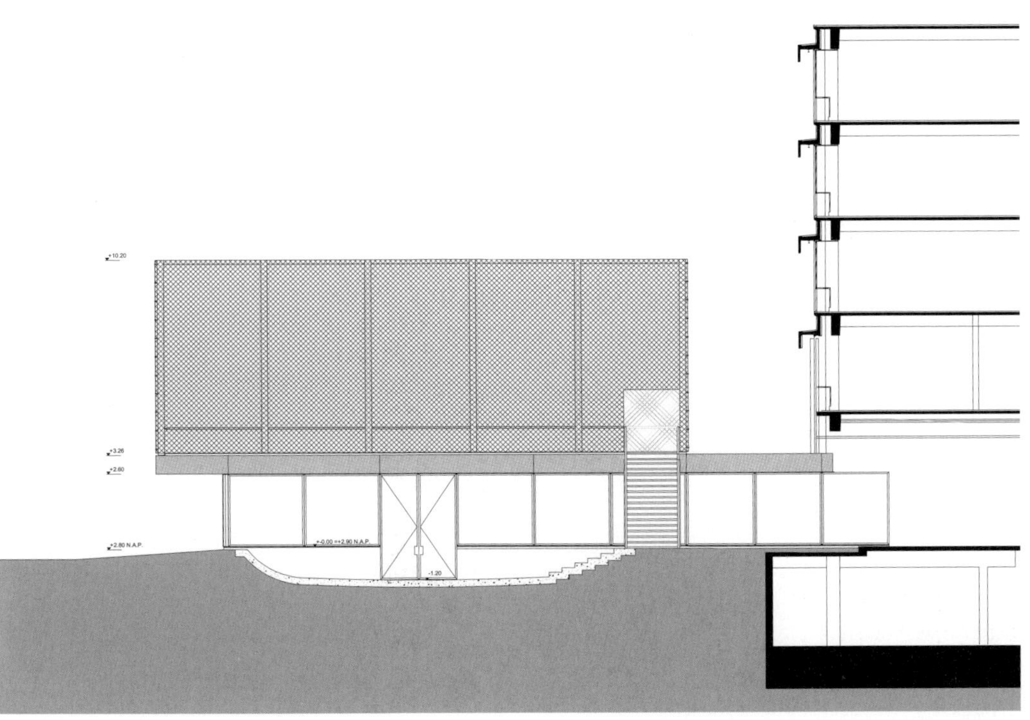

oostgevel/East facade

'You can't open a hip-hop magazine without finding it full of basketball'

Lucas Verweij in conversation with Walter van Dijk, NL Architects.

The university site known as the Uithof in Utrecht has recently been rezoned; it can now be turned into a real campus. Rem Koolhaas's master plan for the area calls for, among other things, more urbanness and greater density. NL Architects heeded this call – the conversion of a bookshop into a grand café was seized as an opportunity to lend shape to the desired urban quality.
The Basketbar, an amalgam of basketball and bar, adds a city icon to the university site. On the roof of the café is a basketball court inside a large, imposing cage that serves as a backstop.
As NL has previously produced façades in the form of a climbing wall and a rock cliff, this structure can be dubbed a 'typical NL building'. Yet its expressive, ironically charged vigour is somewhat deceptive. The building is certainly not a one-liner; it has been designed with painstaking precision and architectonic intelligence.

Walter van Dijk: The Basketbar fits naturally into its location; it doesn't look like an addition to the building. It nestles into its 1960s setting in a contemporary way. The Basketbar has made a soft landing; it's not an architect's statement.
Koolhaas's plan proposed building up to the property line. We did that. We've expanded the existing box to the extreme, extending it along 56 metres of the building line.
The existing building was only 2.60 m high, while the brief called for a grand café. It was suggested we build another storey on top. We didn't want to do that, because we valued its flatness as a response to the high-rise building towering above it. In addition, the basketball court now has a connection with the street level, which would have been lost had the roof been raised. We sank the entire floor of the café 1.20 m, exactly the height of the bar. The floor level outside is the bar level inside. This sunken construction makes the building 3.80 m high, worthy of a grand café. To create a column-free space, we made load-bearing members of the posts in the façade. Thanks to structural engineer Rob Nijsse, it's a real structural tour de force.

A basketball court is a typical icon of urban and black culture. You can't open a hip-hop magazine without finding it full of the game of basketball – the symbol of urban life and something this campus didn't have. Basketball is also a spontaneous game; you don't have to make appointments to play. You can play it alone, as well as with one, two and even four teams. One university board member objected to basketball, finding it too banal. We did some quick research into the origins of the sport and discovered that it was developed by an American professor to give students some relief from heavy intellectual work. Hearing this, he gave in.
The basketball court is completely public. It has an ungated entrance to the street. Columns around the court are much heavier than normal, because we didn't want to use crosses for stabilization. The columns turned out to be large enough to accommodate ventilation shafts for the kitchen. Two columns and the lateral section above now serve as ventilation ducts for the dishwashers, and eight others vent cooking odours. In cold weather, steam emitted from the columns will let basketball players know when it's time to stop for a snack. It takes a lot of ingenuity to keep the visual aspect simple. The building appears uncomplicated, but it is a wolf in sheep's clothing.

NL Architects makes a deliberate show of its Dutch roots; the name alludes to the most common abbreviation for the Netherlands. The firm's logo is the international 'Dutch badge' adorned with a tiny dot. A white oval sticker with the letters NL is still required for any Dutch passenger car that crosses the border into another country. NL's homepage bears a photograph of its founders in the traditional costumes of Volendam. NL seems to want to be the standard-bearer for contemporary Dutch architecture. The firm is full of ideas, some of them humorous and ironic. Growth into a flourishing business with a portfolio of building commissions has been slow, however, and NL still feels like an underdog. Is the architecture world not taking NL seriously enough?

Van Dijk: The name NL Architects was a marketing ploy. We could sense that Dutch architecture was about to boom. But we also had a great deal of respect and affection for the history of Dutch design. And we had recently hired our first Dutch staff member. You start something as a joke, and it fills itself in. We had a list of 1,500 names for the company, and we couldn't settle on one. Because an exhibition abroad was coming up, we chose NL. The bumper sticker is an allusion to the origin of our collaboration: a Ford Escort in which we car-pooled during our years at university.
We don't build that much; a lot of projects founder or take an insane amount of time. It's difficult for a firm of our size to compete for international tenders, because you have to have a minimum turnover and have realized a relevant project. Often

we don't make it through the selection process. Clients are afraid we're going to make something expensive or complicated. You might call it an image problem. But we always work within budget. That's no guarantee, however, that a project will go ahead. Our main strength is that we can devote a disproportionately high amount of attention to what we do. And, in a certain sense, publishing is almost as much fun as building.

Do you consider yourselves conceptual designers?

Van Dijk: We believe in ideas. When making design decisions, it's important to have an idea to guide you. We like a building that requires only a few parameters to achieve change. We like tight 'editing' – you could call that conceptual. By emphasizing a certain aspect of a structure, we can make an explicit statement. That makes a project communicative, and all our work is based on ideas or analysis. The designs follow a certain logic that is rooted in consistency. The results can be not only surprising but also, in some cases, surreal.

NL Architects
NL Architects is an Amsterdam based office. The four principals, Pieter Bannenberg, Walter van Dijk, Kamiel Klaasse and Mark Linnemann officially opened practice in January 1997, but have shared workspace since the early nineties. All were educated at Delft University of Technology while living in Amsterdam. NL's 'commuting' office started while carpooling between these cities (in that sense the principals like to think of themselves as autodidactic; the recurrent fascination with mobility and tarmac perhaps could be traced back to being 'educated' on the highway). Often projects focus on ordinary aspects of everyday life, including the unappreciated or negative, that are enhanced or twisted in order to bring to the fore the unexpected potential of the things that surround us. Mark Linnemann left NL Architects at the beginning of 2003. NL Architects currently employs an international staff of six to ten people.
www.nlarchitects.nl

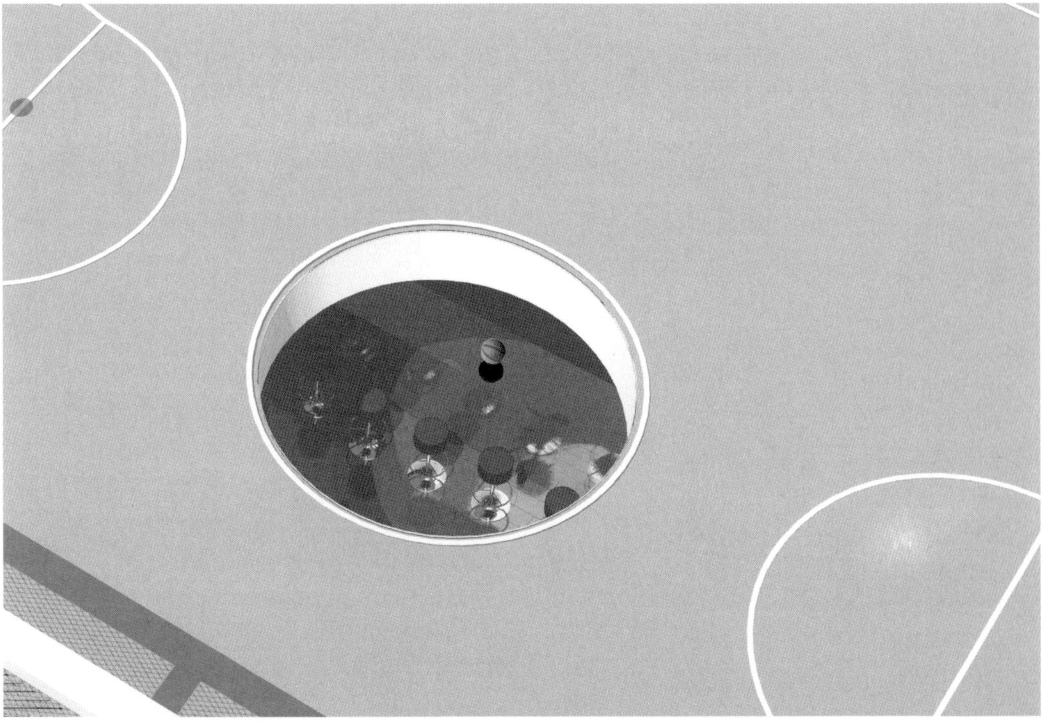

Universiteit Utrecht

SEARCH
DE ARCHITECTENGROEP

POSBANK

'Een gebouw met een knipoog'

Lucas Verweij in gesprek met Bjarne Mastenbroek, SeARCH.

SeARCH is een indrukwekkend architectenbureau. Hier geen geïmproviseerde vergadertafels, maar zorgvuldig gekozen bureaumeubilair dat aan de Arbo-eisen voldoet. Bjarne Mastenbroek richtte met Ad Bogerman in mei 2002 SeARCH op, nadat hij zes jaar directeur was geweest van de architectengroep. Door zijn ervaring praat Mastenbroek gemakkelijk, maar het gaat niet van harte: hij bouwt liever. Hij is niet in eerste instantie polemisch, maar kreeg het menigmaal met de lokale politiek aan de stok. IJburg werd niet goed genoeg gemaakt volgens hem.
Het genomineerde gebouw is een theeschenkerij op het hoogste punt van de Veluwe, de Posbank. De opdrachtgever, Vereniging Natuurmonumenten, noemt het een 'natuurlijk restaurant in een natuurlijke omgeving', maar dat is eigenlijk niet waar. In de materialisering van het gebouw zijn allerlei natuurlijke materialen welbewust onnatuurlijk gebruikt. Natuur wordt soms geïmiteerd, soms gefalsificeerd. Zo liggen er op gletsjerpuin lijkende keien die gemaakt zijn door een Amerikaanse rotsboetseerder, en een vloer van plakjes acaciahout. Het gebouw roept vragen op. Is het postmoderne natuurbeleving of gewoon kitsch?

Bjarne Mastenbroek: Wat moet je doen als je een uitspanning in een natuurgebied gaat zetten? Het lijkt voor de hand te liggen om een boerderij met een rieten kap te maken, maar dat is onjuist. In boerderijen wonen de uitbaters van het landschap. Dit gebouw representeert het omgekeerde, het ervaren van en opgaan in het landschap. Bouwen en natuurbehoud zijn niet met elkaar in tegenspraak, ze hebben veel met elkaar gemeen. Twee eeuwen geleden was het nog landbouwgebied; daarvoor was het een bos en nu is het dat weer. Met uitzondering van het hoogteverschil is ook de natuur er aangelegd en in zekere zin is ze ook kitsch. Natuurbeleving is al kunstmatig. Het ontwerp gaat over het schizofrene uitgangspunt dat een natuurorganisatie aan het bouwen slaat. Het is een gebouw met een knipoog naar natuurlijkheid.
Allerlei natuurlijke producten worden op een kunstmatige manier gebruikt. De drukstaven worden gevormd door echte eikenstammen waar de schors afgehaald is. De vloer bestaat uit plakjes van een acaciaboom van twee centimeter dik die gegoten zijn in een melk van epoxyhars. Onder het afdak is wol toegepast. Vogels pikken er wol uit om nesten te bouwen; er hangen nu allerlei draden uit. Daarnaast hebben we grote stenen laten maken, waarin constructie verscholen zit. Het mooie is dat het weer gestolde steen is, want beton is qua samenstelling precies als gletsjerpuin.

Er stroomt opgevangen regenwater over die steen heen, dat later wordt gebruikt
om de toiletten mee te spoelen.
Het gebouw ligt in een kom vlak naast het hoogste punt van het terrein. Het vormt
eigenlijk een huid om een wandeling heen. Je komt binnen over een trap en wordt
om een groep eiken heen verder naar boven geleid. We hebben een bewustwor-
dingsproces gegoten in een gebouw. Je kunt overal naar buiten kijken. Je houdt
zicht op het panoramische landschap. We hebben de maximale uitkraging willen
maken. Wij wilden een groot publiek meenemen in natuurbeleving; daarin moet
je de rol van architectuur niet overschatten. Architectuur kan aan natuurbeleving
weinig of niets veranderen.

Ik kan me het gebouw ook goed voorstellen in allerlei andere verschijningsvormen.
Waarom ziet Posbank er dan toch zo uit?

Mastenbroek: In het gebouw is geen haakse hoek te ontdekken. Alle volumes zijn
gerende en wijkende vormen. Het looppad aan de gevel, langs de verschillende
podia, is zo lang dat we het in een helling van 1 op 25 konden leggen, wat noodzakelijk is voor rolstoeltoegankelijkheid. Een cirkel zou veel te korte lijnen geven of
voor een te groot restaurant zorgen. Ook bij een vierkant met rechte hoeken zou
dat nog het geval zijn. In de huidige opzet kloppen de lengte van de hellingbaan en
het oppervlak van het restaurant precies. Je zou kunnen zeggen dat de rolstoelers
de verschijningsvorm hebben bepaald.
We hebben dit kunnen maken dankzij hedendaagse software. Het driedimensionaal
gekoppelde Autocad is fantastisch. Meestal ga je voor de werktekeningen terug
naar de tweede dimensie, maar wij hebben dit helemaal in de derde dimensie getekend. We hadden alle informatie exact kloppend. Kijk, hier zit een extra vulplaat
van vijf centimeter, maar verder is het gebouw foutloos vanaf tekening gemaakt.
De staalconstructeur werkte met dezelfde software, dus hebben we elk detail exact
kunnen maken. Omdat alles getekend werd was er ontzettend veel extra controle.
Het werkboek telt 400 pagina's, het leek de bijbel wel. Een nadeel is dat alleen een
paar medewerkers het gebouw écht begrijpen. Ik natuurlijk niet. Ik begreep het
alleen op hoofdlijnen.

SeARCH is een integer bureau dat in eerste instantie in het bouwproces geïnteresseerd is. Maar jullie uitingsvormen, zoals het onlangs verschenen bureauboek, de
naam en het logo dragen een inwisselbare hipheid uit. In collages skaten en joggen
mooie vrouwen het beeld uit. Dat past volgens mij eigenlijk niet bij SeARCH. Vind je
zelf die publicatietaal in lijn met de aard van het bureau?

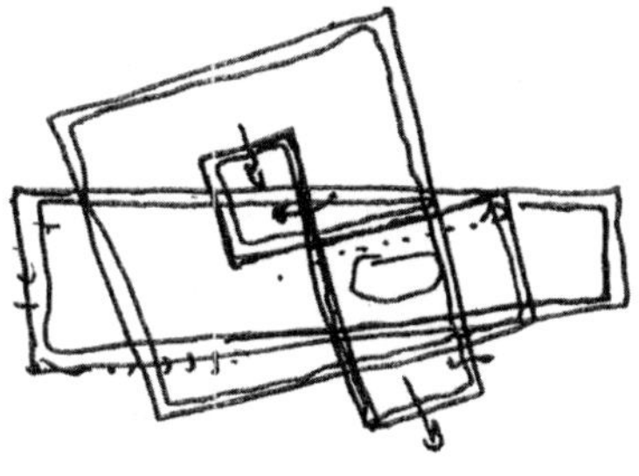

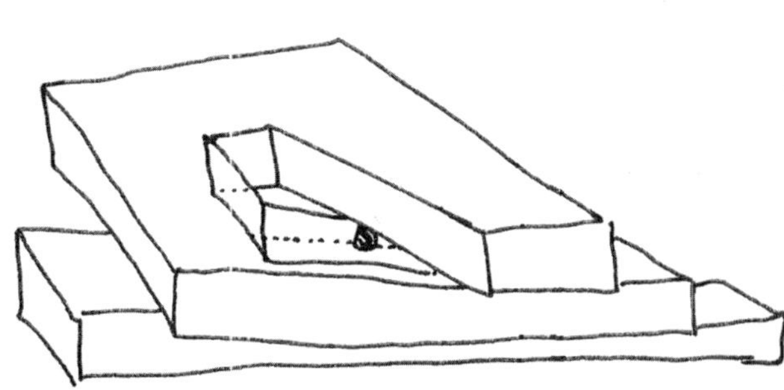

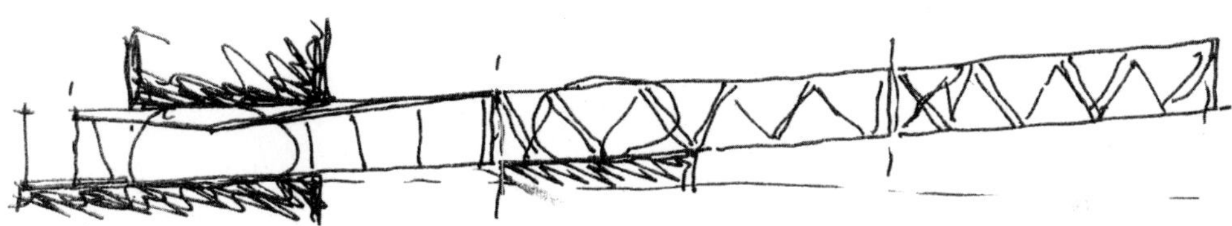

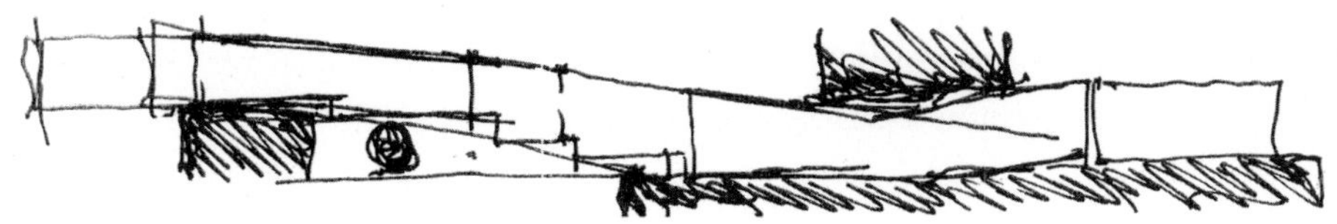

Mastenbroek: Er is druk om architectuur spraakmakend te laten zijn en als je pers-
aandacht wilt zul je aan die cultuur van spraakmakendheid mee moeten doen. Voor
het verkrijgen van een grote opdracht moet je aan het infuus van de internationale
publiciteit. De pers heeft indirect een flinke invloed op de opdrachten die je krijgt.
Daardoor is een generieke pr-taal ontstaan. Dat is niet goed. Ik ben teleurgesteld
in al die bureaus die onderzoekend hoog van de toren blazen maar bouwend niets
presteren. Wij doen ook graag woningbouw, maar we willen wel diversiteit in de
opdracht-portefeuille. Het is dus een lastig dilemma.
Soms sta ik tegenover gebouwen waaraan ik kan zien dat ze voor de publicatie gemaakt zijn. Het lijkt wel alsof we hoe langer hoe meer voor de tijdschriften bouwen.
Dat stoort mij. Zo zijn we gestopt met het bedienen van Japanse tijdschriften. Het
kost alleen maar tijd en het levert ons niets op.
Met betrekking tot ons 'startboek' zou je gelijk kunnen hebben dat wij nog on-
voldoende een eigen publicatietaal gevonden hebben. Ik broed op een wezenlijk
andere benadering, maar ben daar nog niet uit. Ik heb zeker geen spijt van het
boek. We hebben het gemaakt om onze geloofsbrieven af te geven. Het markeerde
de start van het bureau en is relatief snel gemaakt. We hebben op een associatieve
manier gedestilleerd waar ons werk over ging. Er zit een spanning tussen de snel-
heid waarmee het gemaakt is en de verdieping die ik noodzakelijk vind.
Het heeft vrij lang geduurd voordat iemand naar ons werk keek. Dit is het eerste
gebouw waar ik vreselijk veel reacties op krijg, en dat is plezierig.

SeARCH

SeARCH werd opgericht door Bjarne Mastenbroek (1964) en Ad Bogerman (1965)
in 2002. Vlak voor het winnen van de Europan II in 1991 werd het bureau van
Gameren-Mastenbroek architecten gestart. In 1993 is dit bureau samengevoegd
met de architectengroep. Daar heeft Ad Bogerman meerdere jaren samengewerkt
met Bjarne Mastenbroek. SeARCH ontwikkelt met een twintigtal internationale
architecten en medewerkers architectuur, stedenbouw en landschapsarchitectuur en
onderzoekt nieuwe producten en materialen. De resultaten van gemeenschappelijke
ontwerpsessies worden in samenwerking met verschillende disciplines ontwikkeld
en getoetst om zo innovatieve, originele en onverwachte oplossingen een kans te
geven.
www.searcharchitects.nl

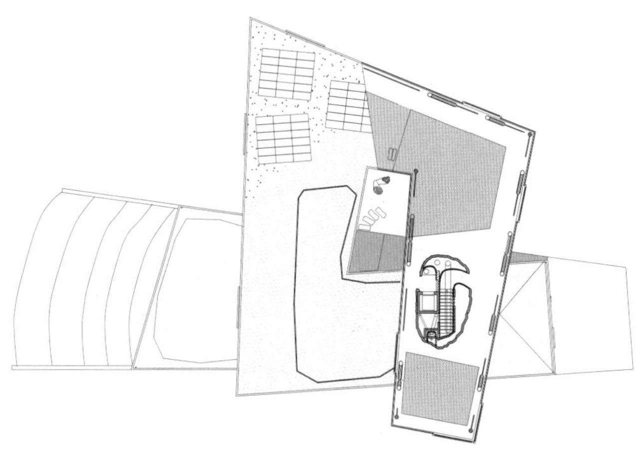

+1

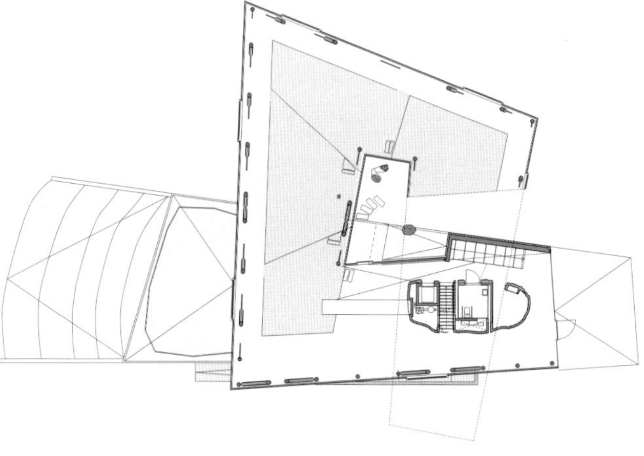

0

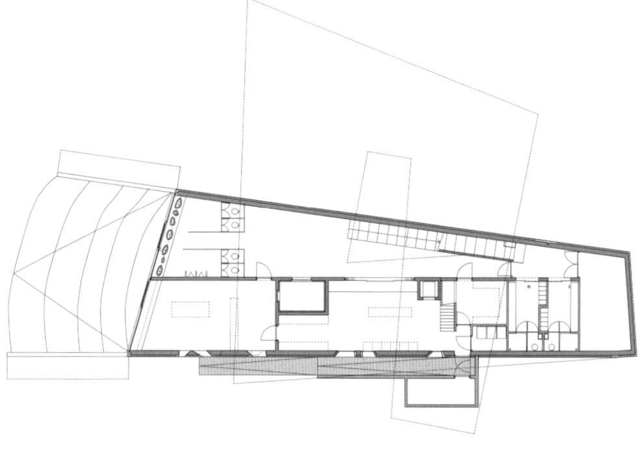

-1

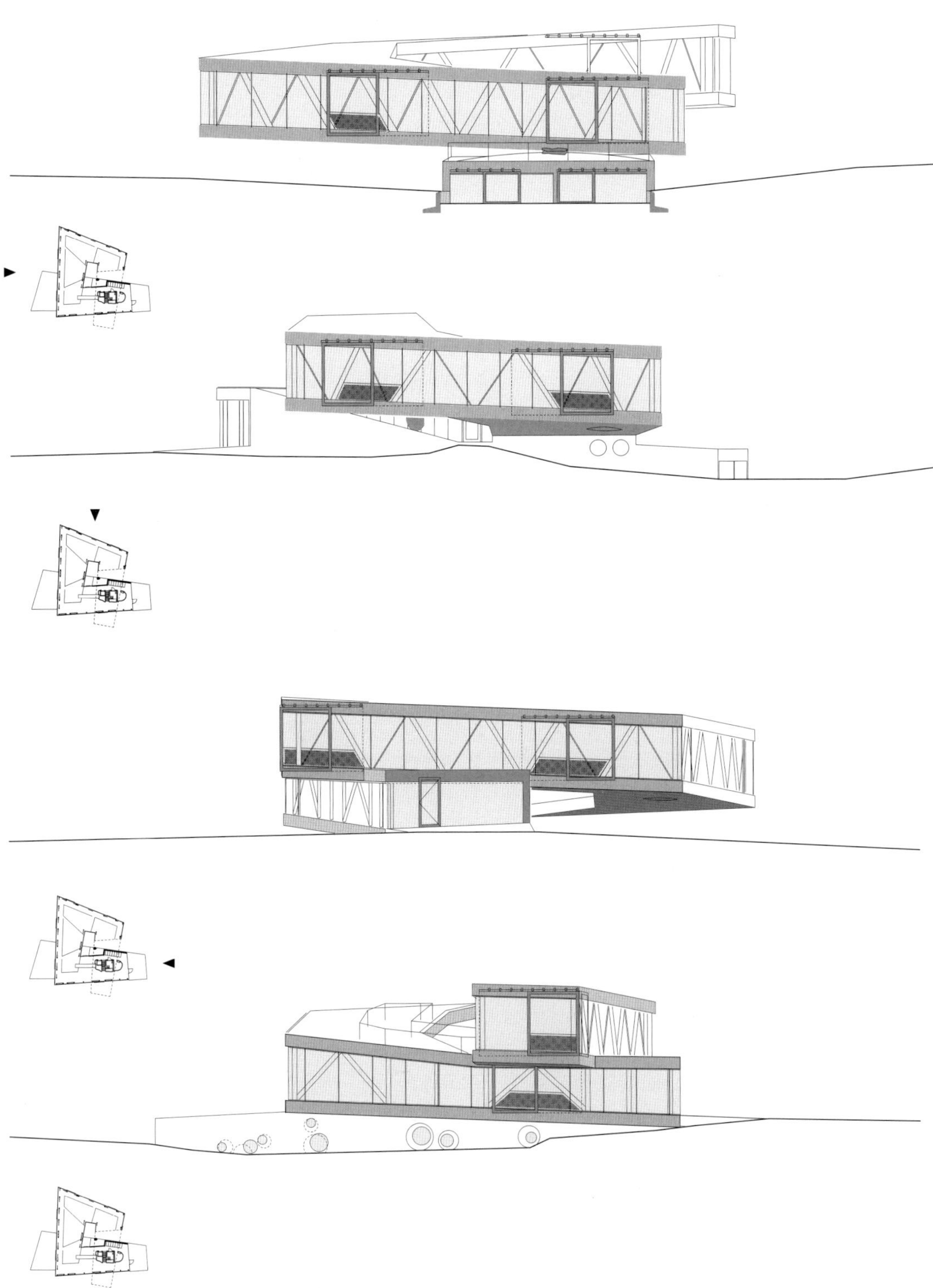

'A building that winks'

Lucas Verweij in conversation with Bjarne Mastenbroek, Search.

SeARCH is an impressive architecture firm. No improvised conference tables here, but rather carefully selected office furniture that meets all occupational health and safety standards. Bjarne Mastenbroek founded SeARCH with Ad Bogerman in May 2002, after serving as director of the Architectengroep for six years. Thanks to his experience, Mastenbroek talks easily, but his heart isn't in it; he prefers to build. He is not polemic by nature, although he has tangled with local politicians more than once. (In his opinion, IJburg was not well made.)

The nominated building is a teahouse on the highest point in the Veluwe, the Posbank. The Dutch nature conservancy association, Natuurmonumenten, which commissioned the building, calls it a 'natural restaurant in a natural environment', but this is not true. All manner of natural materials are used in the building in a deliberately unnatural way. Nature is at times imitated, at times counterfeited. There are boulders that look like moraine, for instance, manufactured by an American rock-mould maker, but also a floor featuring round slices of acacia. The building raises questions. Is it a postmodern environmental experience or just kitsch?

Bjarne Mastenbroek: What should you do if you're going to build a café in a nature reserve? It seems obvious to come up with a farmhouse with a thatched roof, but that's not the right answer. Farmhouses are meant to house the exploiters of the landscape. This building represents the opposite: experiencing and becoming one with the landscape. Building and nature conservation are not contradictory; they have a great deal in common. Two hundred years ago this was farmland; before that it was a forest, and it is a forest again today. Its 'natural' environment is not only manufactured but also, to a certain extent, kitsch, except for the elevations. The experience of nature is already artificial. The design is about the schizophrenic idea that a nature organization would build something. It is a building that aims a sly wink at naturalness.

This project uses all sorts of natural products in artificial ways. The supporting struts are real oak tree trunks, with the bark removed. The floor consists of 2-cm-thick slices of an acacia tree set in epoxy resin. Wool inserted under the roof – many strands are sticking out – is carried away by birds that use it to build nests. We also had large boulders made to conceal structural elements – the beauty of it is that these concrete boulders have the same composition as moraine. Collected rainwater flowing over the rocks is used to flush the toilets.

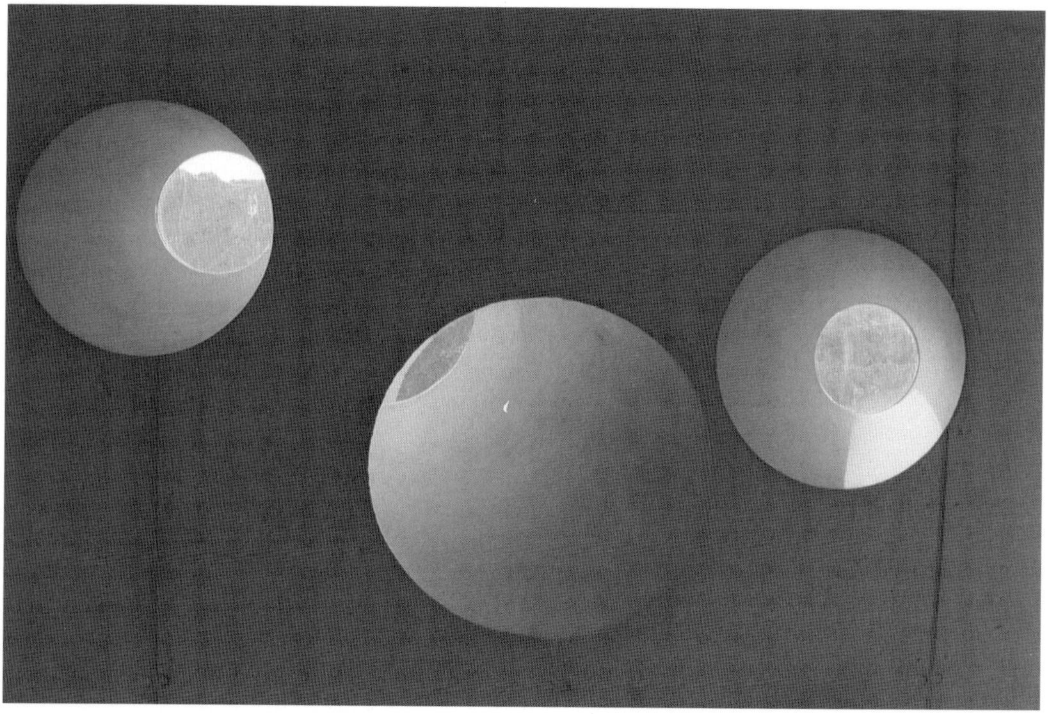

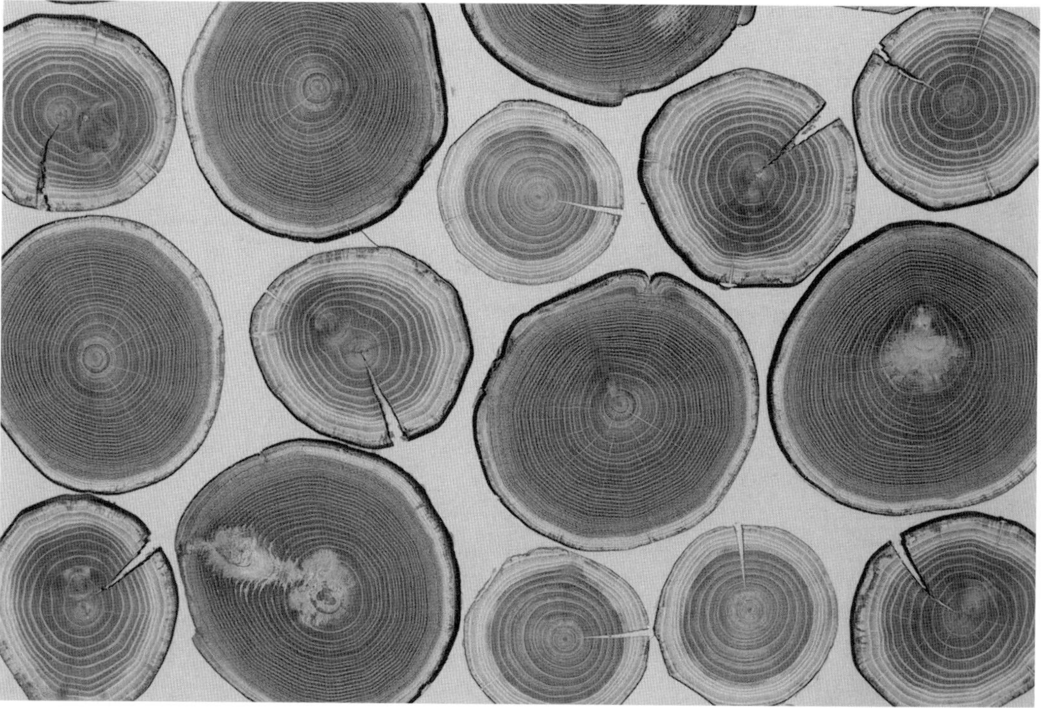

The building is located in a bowl-shaped cavity next to the highest point of the park. The structure can be described as a skin surrounding a strolling path. You come in via a stairwell and are led around a cluster of oak trees to the top. We've injected a consciousness-raising process into a building. You can look outside from any point and relate to the panoramic landscape. We wanted to produce the maximum over-hang and to involve a wide audience in the experience of nature. But don't overesti-mate the role of architecture in this regard. Architecture can add little or nothing to the experience of nature.

I can imagine the building in all sorts of guises. Why does the Posbank look the way it does?

Mastenbroek: There are no right angles in the whole building; all volumes are tapered and receding shapes. The footpath along the façade, which runs past the various platforms, is the length needed to accommodate the 1:25 incline needed for wheelchair accessibility. A circle would have created lines that were far too short or would have made for an excessively large restaurant. A right-angled square would have caused the same problems. In the present layout, the length of the incline and the surface area of the restaurant are just right. You could say that wheelchair users determined the form. We were able to do this thanks to the latest software – the three-dimensional-coordinate AutoCAD is fantastic. We drew the whole thing in three dimensions. Usually, you revert to two dimensions for your working draw-ings. We had all the information exactly right. Look, here's an extra filling plate 5 centimetres thick, but otherwise the building was constructed directly from the drawings without a hitch. Because everything was drawn, there was a lot of double-checking. The engineer concerned with steel structures worked with the same software, allowing us to produce each detail precisely. The logbook, which has 400 pages, seemed like the Bible. One disadvantage is that only a few staff members really understand the building – and I'm one of those who don't, of course. My understanding is limited to the broad outlines.

SeARCH is a respectable firm, primarily interested in the building process. Yet your forms of expression – such as the recently published 'company book', your name and your logo – exude a rather alternative hipness. In your collages, beautiful wom-en skate and jog out of the frame. Hardly in keeping with the firm, in my opinion. Do you think this publication idiom reflects the character of your organization?

Mastenbroek: There exists a sense of pressure these days for architecture to be talked about. If you want media attention, you have to participate in a culture of hype. To get a big commission, you need an infusion of international publicity. The press has an indirect but significant impact on the work you get. One result is a generic public-relations language, which is not a good thing. I'm disappointed in all these firms that make a great show of their research but achieve nothing in terms of building. We're happy to build housing, but we do want diversity in our portfolio. It's a tricky dilemma.

Sometimes I look at buildings that I can see were made for publication. It seems we're increasingly building for architecture journals, and that bothers me. We've stopped catering to Japanese journals, for instance. It just takes up time, and there's nothing in it for us.

As for our 'start book', you might be right in saying that we've not found enough of a publication idiom of our own. I'm thinking about a substantially different approach, but I haven't worked it out yet.

I certainly have no regrets about the book; we made it to establish our credentials. It marked the start of the firm, and it was completed in a relative short time. We distilled what our work was about in an associative way. There's a tension between the speed with which it was made and the depth of the content, which I think is essential.

It took a fairly long time before anyone looked at our work. This is the first building that's drawing a lot of reactions, and that's nice.

SeARCH

Bjarne Mastenbroek (1964) and Ad Bogerman (1965) established SeARCH in 2002. Before winning the Europan II competition in 1991, Bjarne Mastenbroek established van Gameren-Mastenbroek architects. This office merged with de architectengroep in 1993 where he worked for several years with Ad Bogerman. SeARCH develops architectural and urban projects and does research on architecture, landscaping, urbanism and new building products and materials. About twenty international architects and staff members are organized in small teams. SeARCH collaborates with different disciplines and engineering firms to experiment and test the results of collective design sessions in order to give an opportunity to innovative, original and unexpected proposals.

www.searcharchitects.nl

PAVILJOEN
DE POSBANK

DAF
ARCHITECTEN
FASTFERRY

'Een esthetische exercitie'

Lucas Verweij in gesprek met Catherine Visser, DaF-architecten.

Architectenbureau DaF valt minder eenvoudig te karakteriseren dan het lijkt. Het aan de Delftse universiteit opgeleide driemanschap heeft bijvoorbeeld geen duidelijke kopman. De drie wisselen steeds van rol en praten allemaal gemakkelijk, maar zijn geen van allen stellig. Ze zijn altijd zoekend, soms zelfs aarzelend. Ze willen niet imponeren, maar hebben liever een open gesprek. Het bureau kan twijfel en onzekerheid hanteren. Hun werk is al evenmin eenvoudig te karakteriseren, omdat het divers en veelvormig is. Van planologische studies tot kleine paviljoens en van boerderijachtige stadsvilla's tot stoere pontons. Iedere marketingadviseur zou hen aanraden een 'core-business' te gaan benoemen, of 'zichzelf te positioneren', maar DaF is juist tevreden zonder positionering en zonder kernactiviteit.
Het genomineerde project is een volledig uit staal opgetrokken wachtruimte op het aanlegponton aan de Willemskade in Rotterdam waar de snelle bootverbinding (fastferry) tussen Rotterdam en Dordrecht aanmeert. Het was de enige halte aan de route zonder wachtvoorziening.

Catherine Visser: Dat wij deze opdracht kregen was niet toevallig. We maakten al eens een kiosk in een recreatiepark, een mobiele tentoonstellingsruimte en een benzinestation in Den Haag. Dat zijn ook allemaal sculpturale bakens geworden. FastFerry is een eenvoudige vorm die ruimtelijk heel veranderlijk is. Het getij helpt het gebouw bijzonder te maken. Bij laag water kan je soms vanaf de kade het dak niet eens zien, terwijl bij hoog water het hele ding pontificaal in je gezichtsveld staat. De Willemskade is een onstuimige plek. Er moest een afsluitbare wachtruimte komen, zodat passagiers niet het water in waaien. Wat wij bouwden werd gemonteerd op een al aanwezige ponton. Ook de toegangsbrug lag er al. Daar zijn we vanaf gebleven, zodat het onderscheid goed te zien is.
Al met al is het bouwwerk gecompliceerder dan het op het eerste gezicht lijkt: er zijn veel veiligheidseisen, de routing is ingewikkeld en de reactie van omwonenden was onvoorspelbaar. Eerder was er een klachtenprocedure tot aan de Raad van State geweest over de plaatsing van een aantal bomen die uitzicht wegnamen. De gemeente was erg gespannen, want ook dit object zou weer zicht gaan wegnemen. Uiteindelijk vindt de buurt het prachtig en zijn er geen problemen geweest.
Het ontwerpen van het object was een heel esthetische exercitie: waar moet het gebouw geplaatst worden zodat het beeld harmonisch blijft? Door de robuuste wachtruimte aan de andere zijde van de ponton te plaatsen kwam deze qua compo-

sitie in balans. De wachtruimte staat nu dus helemaal aan de rand. Technisch moest de ponton daardoor gecorrigeerd worden: er moest meer drijfvermogen worden toegevoegd. De wachtruimte maakt op een vanzelfsprekende manier deel uit van de ponton. De hoekige, duidelijke vormgeving is een krachtig gebaar, maar ook een elegant beeld. Het gebouw is monolithisch. Het lijkt van gegoten staal, maar is feitelijk een constructie van U-profielen die tweezijdig in staalplaat gevangen zijn. Alle naden zijn geslepen om de eenvormigheid te benadrukken en het totaal is in één kleur geverfd. De twee kruizen dienen voor de stabiliteit in geval van botsende schepen. Aan de rand zitten stootborden met daarachter schokdempers die de klappen van het aanmeren van de boten opvangen. Het werk ademt het maritieme karakter van de Rotterdamse haven.

Behalve vrijstaande objecten in de openbare ruimte maakt DaF ook vrijstaande woningen, vaak met een kap als dakvorm. In de architectuurwereld zijn kapbouwers verdacht. De kap wordt als een symbool van gedienstigheid en nostalgie gezien – en daar hebben architecten en critici sinds het modernisme een broertje dood aan. Consumenten (en via hen projectontwikkelaars) willen echter graag vrijstaande huizen met grote kappen. Er zit dus een flinke spanning tussen vraag aan aanbod in de vrije markt. Nostalgisch of zelfs sentimenteel bouwen is daardoor bijna een politieke daad geworden. DaF is niet bang voor deze begrippen en gaat vragen vanuit de markt niet uit de weg. Op een schap aan de wand staan dan ook tientallen maquettes van woningen met kappen. Grote, gedetailleerde, kleurrijke maquettes. Overal zijn verbasteringen van oude boerderijtypes in te zien. De grote huizen ogen marktconform, maar het intelligente ontwerpwerk is er aan af te zien.

Visser: Onze interesse voor historie is niet zozeer ingegeven door wat de markt wil, maar door wat wij de moeite waard vinden. Sentiment accepteer ik beter dan nostalgie. Nostalgie heeft iets vals: je verlangt naar een geïdealiseerde werkelijkheid. Je wilt wel een boerenschuur, maar niet de hardheid van het boerenleven inclusief de stank en de armoede. Dat heeft sentiment niet, anders zou het gezegde vals sentiment een pleonasme zijn. Sentimenteel is altijd eerlijk. Als een opdrachtgever iets nostalgisch wil ben ik bereid die wens serieus te nemen. Historische kwaliteit wordt nu eenmaal erg gewaardeerd. Oude steden worden mooi gevonden en in oude boerderijen wordt graag gewoond. We werden gevraagd om een vrijstaande woning te maken in een stedenbouwkundig plan dat zo nadrukkelijk was dat je tussen de regels de boerderettes al zag staan. We hebben toen een ontwerp gemaakt dat de nostalgische vraag naar de boerderette serieus neemt – niet alleen in de verschijningsvorm (een gezinswoning in een boerderijvorm) maar ook ruimtelijk. De zeer grote woonkamer is de deel met een houten kap en een schouw, terwijl het voorhuis een opeenstapeling van kleine kamers is geworden.

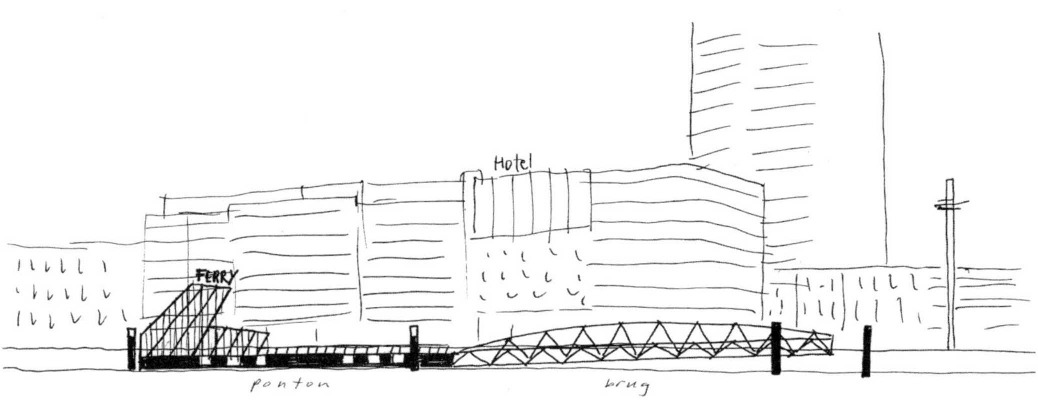

Hotel
FERRY
ponton
brug

Ook in de FastFerry wachtruimte speelt nostalgie een rol. Het bouwwerk zou maritiem nostalgisch genoemd kunnen worden. DaF beseft dat er een duidelijk relatie met de kapwoningen is.

Visser: Zelfs een ogenschijnlijk rationeel en functionalistisch gebouw als de FastFerry is óók te begrijpen als havensentiment. Het is hypocriet dat een nostalgisch verlangen naar havenesthetiek vrijelijk botgevierd kan worden, terwijl een nostalgisch verlangen naar de boerderijwoning not done is. Voor ons is zowel de associatieve, mentale betekenis als de gefalsificeerde historische betekenis van ruimte relevant. Natuurlijk hebben we dan angst om banaal te worden. Maar ik vraag me toch nog steeds af waarom deze historische opgave zoveel angst inboezemt bij veel collega's.

DaF-architecten

DaF-architecten is in 1996 opgericht door de architecten Daan Bakker (1968), Catherine Visser (1966) en Paul van der Voort (1967), die allen aan de TU-Delft zijn afgestudeerd. Oorspronkelijk was het bureau bedoeld als vehikel voor werkzaamheden buiten bureaus als KCAP, Maxwan en Höhne & Rapp, waar zij eerder werkzaam waren als projectarchitecten. Inmiddels is het bureau uitgegroeid tot een maatschap met ongeveer zeven werknemers.
Het werkterrein betreft alle aspecten van ruimtelijke vormgeving, van interieur tot stedenbouwkundige concepten. Ook houden zij zich bezig met onderzoek, theorievorming en publicaties over het vakgebied. Daarnaast zijn de maten werkzaam als gastdocent op diverse opleidingen in binnen- en buitenland. Voor hun werk ontving het bureau diverse prijzen waaronder Europan 5 en de Charlotte Köhler Prijs.
www.daf.luna.nl

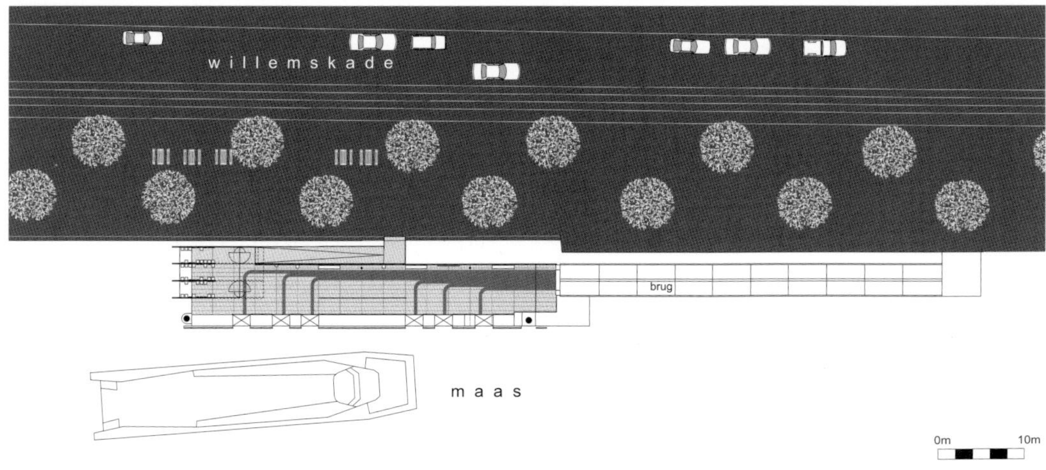
willemskade
brug
maas
0m   10m

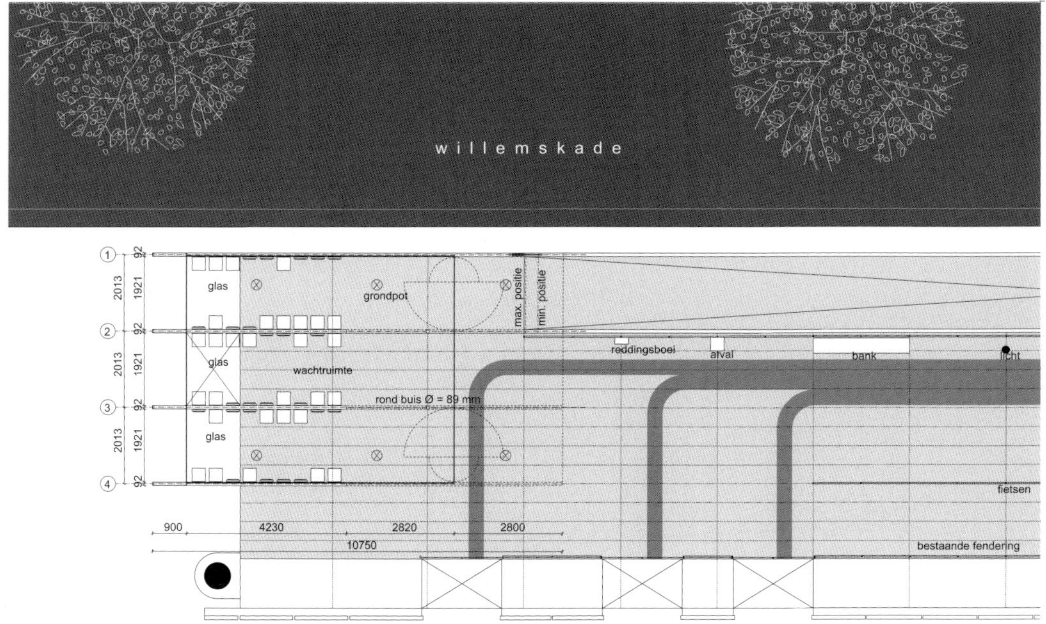
willemskade
92
2013
1921
glas
grondpot
max. positie
min. positie
92
2013
1921
glas
wachtruimte
reddingsboei
afval
bank
licht
rond buis Ø = 89 mm
92
2013
1921
glas
92
fietsen
900
4230
2820
2800
10750
bestaande fendering
A   B   C   D   E   F   G   H   I

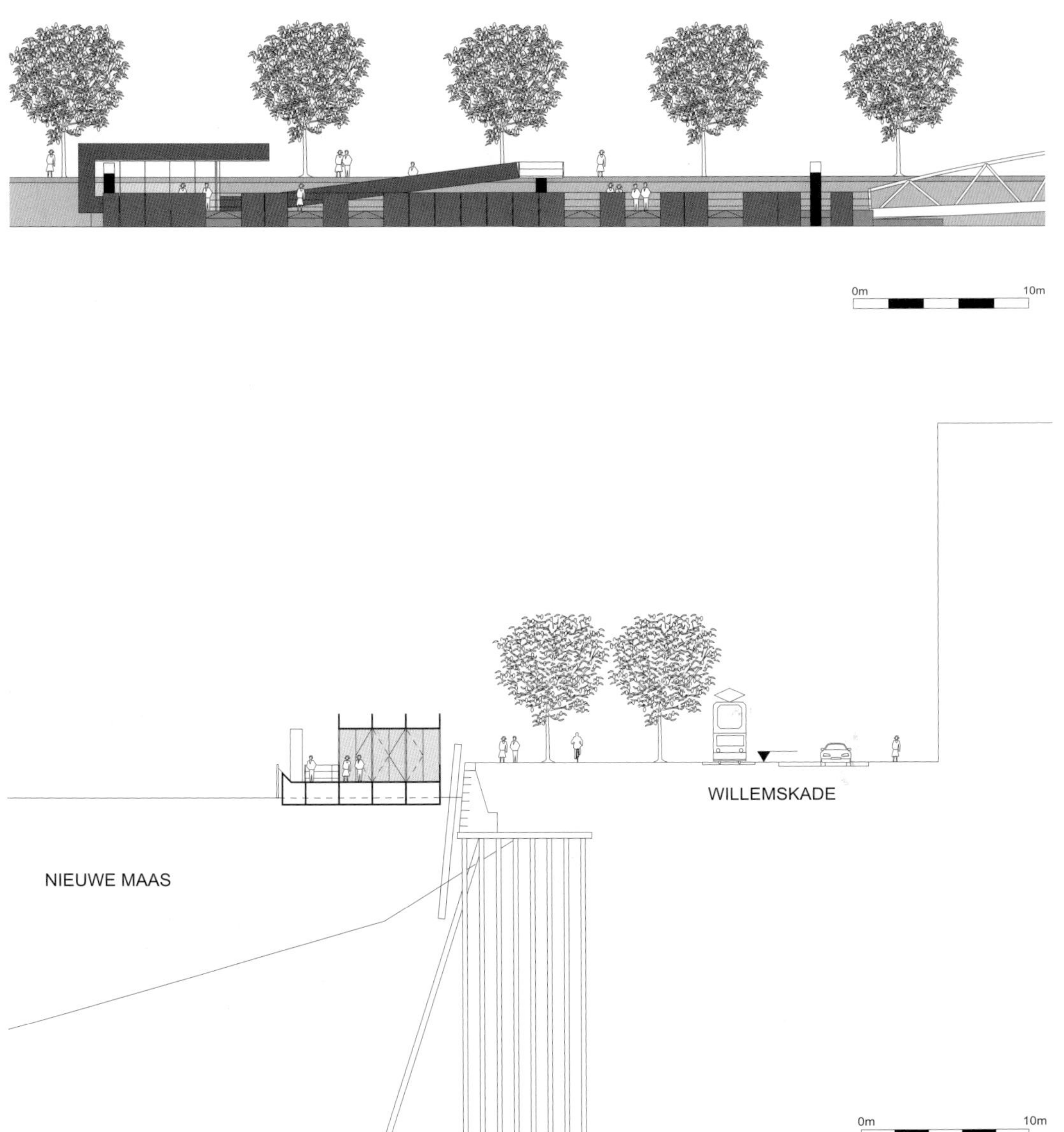

0m
10m
WILLEMSKADE
NIEUWE MAAS
0m
10m

'An aesthetic exercise'

Lucas Verweij in conversation with Catherine Visser, DaF-architecten.

Characterizing the architecture firm DaF is not as straightforward as it seems. For instance, the three-person operation has no clear leader; instead, its members alternate roles constantly. They all talk easily, but none of them makes categorical pronouncements. They are always searching, sometimes even hesitant. They do not seek to impress, preferring an open discussion. The firm can handle doubt and uncertainty. Their work is not easily characterized either, for it is diverse and poly-morphous – from planning studies to small pavilions and from farm-like urban villas to sturdy pontoons. Any marketing consultant would advise them to select a 'core business', or to 'position themselves', but DaF is quite happy without positioning and without a core business.

The nominated project is a waiting area entirely constructed out of steel on the docking pontoon on the Willemskade in Rotterdam, where the high-speed ferry (Fast Ferry) between Rotterdam and Dordrecht docks. It was the only stop on the route without waiting facilities.

Catherine Visser: It was no accident that we got this commission; we'd already built a kiosk in a recreation park, a mobile exhibition space and a petrol station in The Hague. These have all become sculptural beacons as well. Fast Ferry is a simple form that is dimensionally quite changeable. The tide helps make the structure special. At low tide you sometimes cannot even see the roof, while at high tide the whole thing dominates your field of vision. The Willemskade is a windy spot; there had to be a waiting area that could be closed off so that passengers would not be swept into the water. What we built was mounted on an existing pontoon. The access bridge was already there as well; we left that alone so that the difference would be visible.

All in all, the construction is more complicated than it seems at first glance: there are many safety requirements, the routing is complex and the reaction of neigh-bourhood residents could not be predicted. There had already been a complaint lodged all the way to the Council of State over the planting of several trees that blocked the view. The city authorities were quite nervous, because this structure would also block the view. As it's turned out, the neighbourhood loves it, and there have been no problems.

Designing the structure was a very aesthetic exercise: where should the structure be positioned to maintain the harmony of the scene? Placing the massive waiting

FASTFERRY

area on the other side of the pontoon balances the pontoon in terms of composition. It is now all the way on the edge; this required engineering corrections to the pontoon, adding more flotation capacity. The waiting area forms a natural part of the pontoon. The angular, clear design is a powerful gesture but an elegant image as well. The building is monolithic; it seems cast in steel, but it is, in fact, a structure of U-shaped sections lined with steel plating on either side. All the seams have been sanded down to emphasize the uniformity of the structure, and the whole thing has been painted a single colour. The two crosses are for stability in case of boat collisions. Along the edge are risers with shock dampers that absorb the pounding of the boats when they moor. The work exudes the maritime character of the port of Rotterdam.

Besides freestanding structures in public areas, DaF also builds detached houses, often with pitched roofs. In the architecture world, builders of pitched roofs are suspect. Pitched roofs are seen as a sign of accommodation and nostalgia, both anathema to architects and critics ever since the advent of modernism. Consumers, however, and through them project developers, want detached houses with high pitched roofs. So there is a good deal of conflict between supply and demand in the private market, turning nostalgic or even sentimental construction into an almost political act. DaF is not daunted by these issues; they do not shy away from the demands of the market. A wall-mounted shelf holds dozens of maquettes of houses with pitched roofs. Large, detailed, colourful maquettes. Adaptations of old farmhouse types are discernible everywhere. Visually, the large houses meet the demands of the market, while it is equally clear that they incorporate intelligent design work.

Visser: Our interest in history is stimulated not so much by what the market wants as by what we think is worth the effort. I accept 'sentimental' more readily than 'nostalgic'. Nostalgia has something counterfeit about it; you're longing for an idealized reality. You want a barn, but not the rigours of farm life, including the stench and the poverty. Sentiment is not like this; otherwise 'fake sentiment' would be a pleonasm. Sentiment is always honest. If a client wants something nostalgic, I am prepared to take this desire seriously. Historical quality, after all, is highly valued; old cities are considered beautiful, and people like to live in old farmhouses. We were asked to build a detached house within an urban plan that was so emphatic that, reading between the lines, you could already see the 'farmettes'. We produced a design that takes the demand for a farmette seriously. Not only in its form, a family dwelling in the shape of a farmhouse, but also in terms of space. The very large living room is the section with a timber pitched roof and a chimney, while the front of the house is an accumulation of small rooms.

Nostalgia also plays a role in the ferry waiting area; the edifice could be said to express maritime nostalgia. DaF realizes that there is a clear relationship between this structure and houses with pitched roofs.

Even an apparently rational and functionalist structure like the Fast Ferry facility can be understood as an expression of port sentiment. It is hypocritical to freely indulge a nostalgic longing for the aesthetics of the port, while refusing to tolerate a nostalgic longing for the farmhouse. In our opinion, the associative mental significance and the counterfeit historical significance of space are relevant. Of course, we worry about becoming banal. Yet I still wonder why these historic building councils arouse such fear among so many of our colleagues.

DaF-architecten

DaF-architecten was founded in 1996 by architects Daan Bakker (1968), Catherine Visser (1966) and Paul van der Voort (1967), all graduates of the Delft University of Technology. The firm was originally intended as a vehicle for work outside firms like KCAP, Maxwan and Höhne & Rapp, where they worked as project architects. The firm has since grown into a partnership with about seven employees. Its field of work encompasses all aspects of spatial design, from interiors to urban planning concepts. They are also involved in research, theory development and publications about the architecture discipline. In addition, the partners work as guest lecturers at various schools in the Netherlands and abroad. The firm has received various awards for its work, including Europan 5 and the Charlotte Köhler Prize.
www.daf.luna.nl

20
19

S333

SCHOTS

1+2

'Nederland is Hollywood'

Lucas Verweij in gesprek met Burton Hamfelt, S333 Architecture + Urbanism.

Ik spreek Burton Hamfelt in zijn werkruimte in het centrum van Amsterdam. Hij is een van de vier niet-Nederlandse partners van het architectenbureau S333. Het interieur is louter functioneel; computers staan uitgelijnd als in een productiestraat en het meubilair vertegenwoordigt weinig waarde. De voertaal is Engels en aan maquettes kleven lijmresten. Er heersen een werklust en gedrevenheid die grenzen aan bezetenheid. Er komt maar weinig daglicht binnen. 'De architectuur van morgen wordt kennelijk bij tl-verlichting gemaakt', denk ik. Deze locatie is de globalisering ten voeten uit; dit kan overal zijn. Locatie, afkomst en hechting zijn oude waarden; talenten kunnen zich op iedere plek verbinden. Waarom staat dit geglobaliseerde kantoor dan toch aan de Overtoom?

Burton Hamfelt: We hebben projecten in Engeland, Nieuw-Zeeland, Letland, Noorwegen en Singapore. Geen van ons komt uit Nederland. Het bureau is eigenlijk gestart is Londen in 1990. Het was een strategische keuze om ons bureau in Nederland op te starten. De locatie, het werk klimaat en de enthousiaste ontwerpcultuur spraken ons erg aan. Onze verschillende achtergrond maakte bovendien dat dit de interessantste plek was om van hieruit de rest van de wereld te ontdekken. Of we hier naar toe moesten komen was geen lastige vraag. We hadden allen een andere reden om hierheen te komen, maar het Nederland dat gepromoot wordt als Hollywood voor architecten sprak ons erg aan. Als je acteur wilt worden ga je naar Hollywood en als je architect wilt worden trek je hier naar toe. De situatie is ondertussen erg veranderd, maar er is nog steeds geen ander land waar de designcultuur zo alomtegenwoordig is. De vraag of we hier nog veel langer moeten blijven is veel moeilijker te beantwoorden. Hoewel we het hier naar onze zin hebben en geen plannen hebben om te vertrekken, geloof ik dat architecten als nomaden zijn. In principe moeten ze overal hun werk kunnen doen. Globalisering heeft ook voordelen. Ken je de uitspraak 'think global act local' ? Dat geldt ook voor ons. Globalisering hoeft niet strijdig te zijn met een betrokkenheid bij de plek.

'Schotsen' is bedacht door Maarten Schmitt, toenmalig stadsarchitect van Groningen. Het is een anekdotische verwijzing naar drijvende ijsschotsen in zee. De rol van de zee zou door de openbare ruimte gespeeld moeten worden en de gebouwen zijn de schotsen. De metafoor is een populaire bewerking van de tuinstadgedachte: woonblokken in een zee van groen met een toegevoegd vormbeginsel. Is de ontstaanswijze van het gebouw typisch voor het einde van de vorige eeuw?

Hamfelt: Er heerste in de jaren negentig het idee dat elk gebouw een eigen identiteit moest hebben. Dat is kortzichtig en oppervlakkig, een uiting van eilandmentaliteit. Nederlandse ontwerpers zetten vaak in op een funky vorm. Het is architectuur die lijkt te willen zeggen: 'kijk naar mij, ik ben gemaakt om bekeken te worden!' Natuurlijk heeft de Nederlandse architectuurtaal van de jaren negentig ons flink beïnvloed. Wij hebben gezocht naar een samenhang van gebouw en omgeving. Het complex bevat dan ook twee supermarkten, driehonderd ondergrondse parkeerplaatsen, drie collectieve daktuinen, 4.500 vierkante meter bedrijfsruimte en een politiebureau. Het herbergt honderdvijftig huurappartementen. Alles staat met alles in verbinding via een ruimtelijke ontsluitingsstructuur. Wij hebben alles in het werk gesteld om de collectieve ruimten te verweven met de woongebouwen, om zo een volwaardig stuk stad te maken. We hebben het benaderd als één gebouw met een winkelcentrum dat erin gevlochten is en het gebied organiseert. De buitenwereld dringt het gebouw op allerlei manieren binnen. Het is een slim gebouw.

Het complex wordt gevormd door slingerende bouwstroken die ogenschijnlijk op een doorlopend landschap zijn neergezet. In de pers werd de term 'megavorm' voor het gebouw gebruikt; het zoekt de grens op tussen gebouw en landschap. Of dat landschap rood of groen is blijft onbeantwoord. Die dichotomie wordt op een ontwerpende manier vermeden.
Het project is een als een meesterstuk, het eerste gerealiseerde project van S333. Terwijl startende collega's als eerste bouwwerk vaak een schuur of een dakkapel maken, realiseerde dit viertal een groot, duur (25 miljoen euro), veelomvattend en alom project. Wie dit bij de start kan laten slagen moet vrijwel alles kunnen laten slagen. Is het toeval dat het bureau niet polemisch van aard is?

Hamfelt: Dat is niet waar. Wij zijn zeker polemisch en wel degelijk ook politiek. We proberen verandering te formuleren in de omgevingen waarin we werken. We publiceren en we doceren op verschillende scholen. Bovenal houden we erg van ontwerpen op vernieuwende manieren. Wij houden ervan om de beste oplossing te vinden voor complexe problemen.
Wij hebben heel veel geïnvesteerd in dit gebouw. Elf jaar geleden wonnen we er de Europan 3 prijsvraag mee. De uitvoering heeft bijna vier jaar geduurd. Onlangs zei een collega-architect tegen me dat de tijd van 'leuke architectuur' voorbij is. Ik vind dat een interessante gedachte. In Nederland heeft 'leuk' lang geregeerd. Wij hebben nooit 'leuk' ontworpen omwille van het statement en zijn ook nooit ontdekt als aanstormende talenten op ons dertigste. Gelukkig niet. Wij nemen onze praktijk zeer serieus.

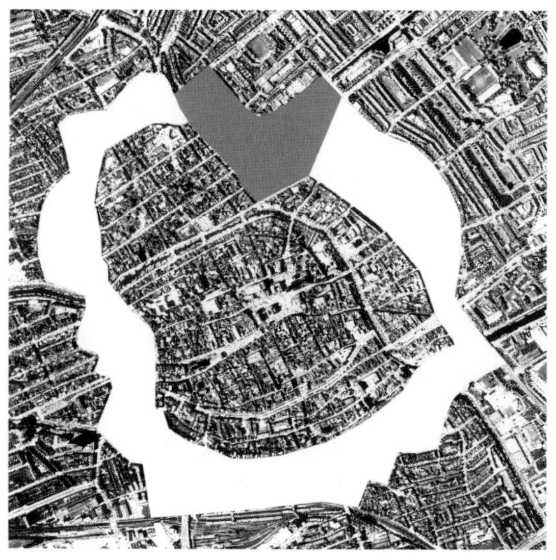

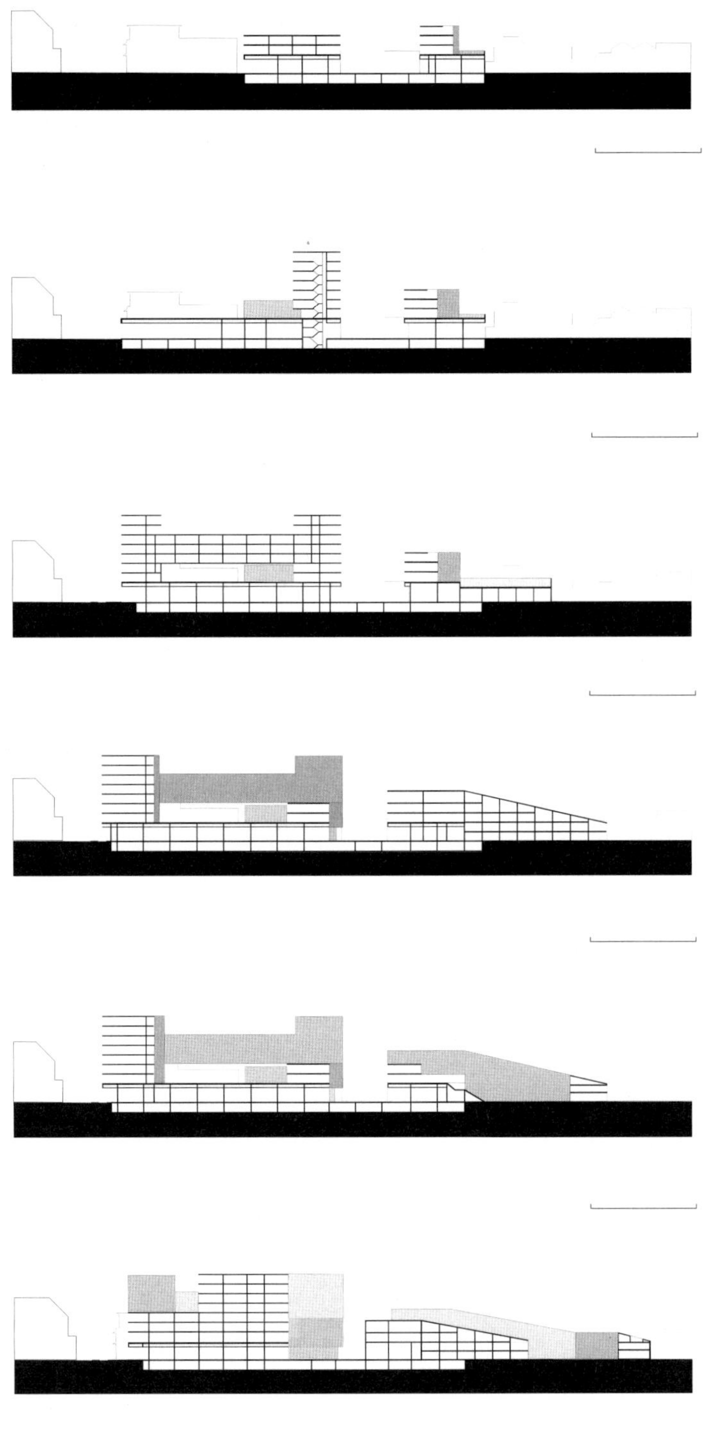

Ik ben trots op de detaillering. Die is met zorg gedaan. Ironisch genoeg, vonden we daarvoor inspiratie in het werk van ondermeer Mies van der Rohe. Hij was een meester in detailleren. Voor goede details is aandacht voor materialen en aandacht voor aansluitingen nodig: niet snel de goedkoopste oplossing maken, maar door-zoeken naar waardige materiaalcombinaties. We hebben alles geprobeerd om het gebouw niet eenvormig te laten worden. In een van de lange gevels hebben we alle vormen van transparantie en kleur in het glas toegepast. Bij het andere gebouw wordt de gevel juist gemaakt met verschillende maten western red cedar.
De gevels zijn fantastisch ruimtelijk geworden; ze lopen continu door. Er zijn niet echt kopgevels aan Schots 1 te bespeuren. Ik ben ook trots op deze trage trappen, als toegangspartij naar je woning. Ik ben trots dat woningbouw genomineerd is voor deze prijs.

S333

In 1997 opende S333 Architecture + Urbanism officieel zijn studio in Nederland. Amsterdam werd gekozen vanwege zijn internationale appeal. De studio omvat een multinationaal team architecten en stedenbouwkundige ontwerpers dat wordt geleid door de vier partners: Burton Hamfelt (Canada), Christopher Moller (Nieuw Zee-land), Dominic Papa (Engeland) en Jonathan Woodroffe (Engeland). Succes bij prijs-vragen heeft een sleutelrol gespeeld bij het binnenhalen van contracten en tot de nodige aandacht voor de studio geleid. De studio werkt momenteel aan een aantal architectuur- en stedenbouwprojecten in Nederland, Nieuw Zeeland, het Verenigd Koninkrijk, Singapore en Noorwegen. S333 meent dat het huidige tijdperk bepaald wordt door een steeds sterker wordende verstedelijking die grote vragen oproept ten aanzien van conventionele oplossingen op stedenbouwkundig ontwerpgebied. S333 opereert daarom op dit terrein als multidisciplinaire organisatie die verbindin-gen legt tussen het eigen werk en deze markt in opkomst; S333 combineert oplos-singen uit de architectuur, stedenbouw, landschapsarchitectuur en sociaal-economi-sche processen. Waar mogelijk begint S333 zijn deelname aan het ontwerpproces vroeger dan gebruikelijk en verschuift men de nadruk van het oplossen van indivi-duele problemen naar het zoeken naar de juiste vragen.
www.s333.org

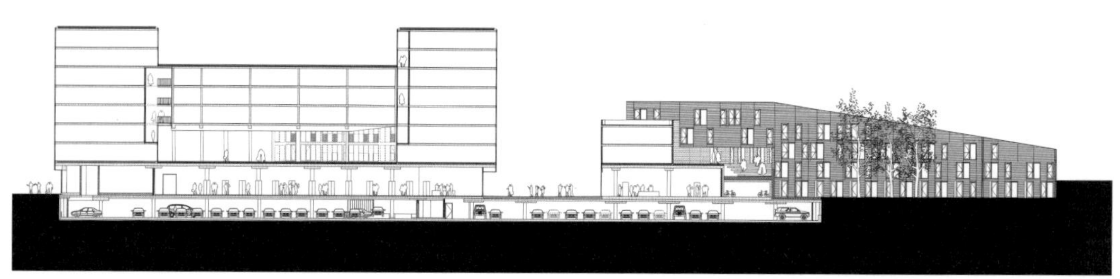

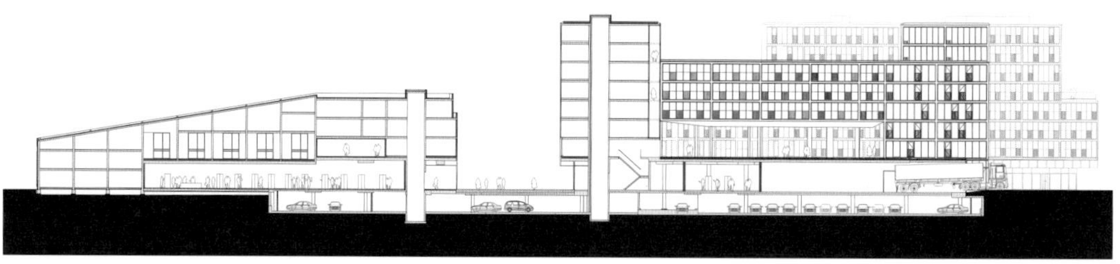

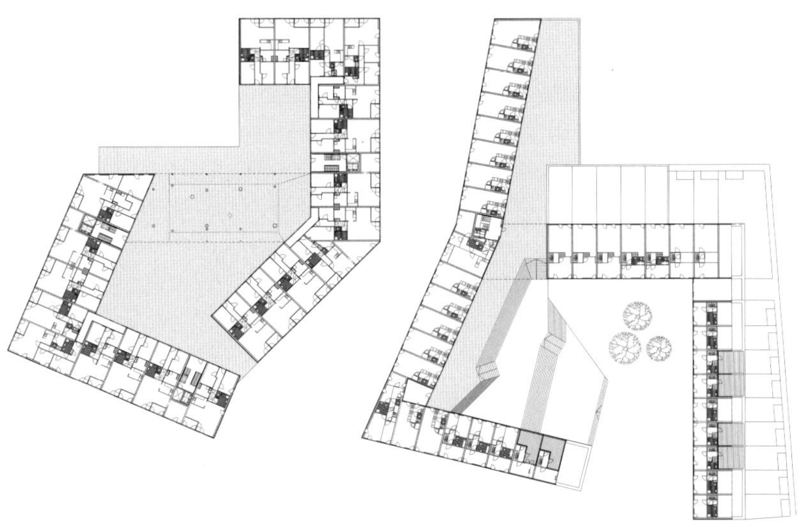

+1

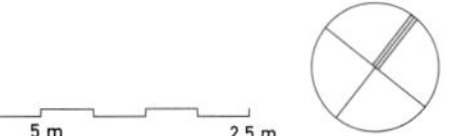

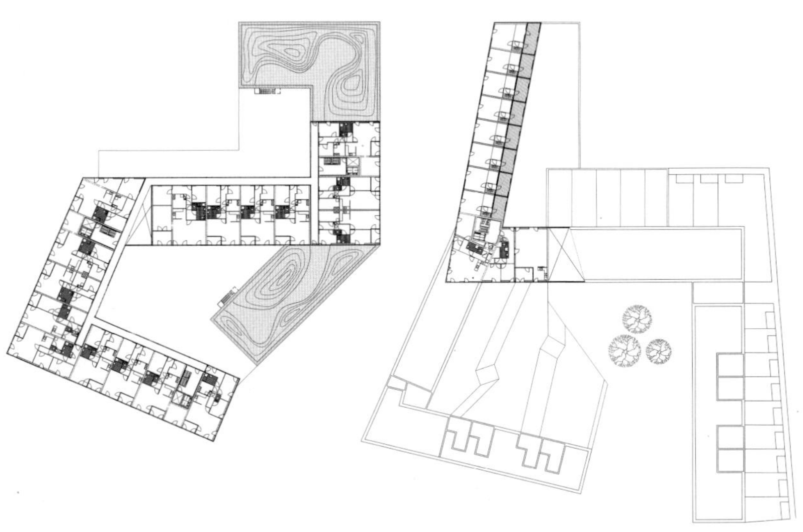

+4

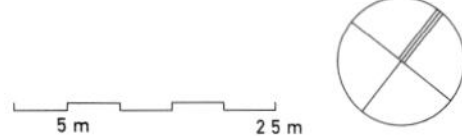

'The Netherlands is Hollywood'

Lucas Verweij in conversation with Burton Hamfelt, S333 Architecture + Urbanism.

I'm talking with Burton Hamfelt in his office in the centre of Amsterdam. He is one of the four non-Dutch partners of the architecture firm S333. The interior is purely functional; computers are ranged as if on a production line, and the furniture does not suggest great expense. The working language is English, and traces of glue remain on the maquettes. The zest for work and enthusiasm that reigns here borders on the frenetic. There is little daylight. 'Tomorrow's architecture produced under fluorescent light,' I think to myself. This place is the essence of globalization; it could be anywhere. Location, origin and attachment are old values; talent is a universal quality. So why is this globalized office on the Overtoom in Amsterdam?

Burton Hamfelt: We have projects in Britain, New Zealand, Latvia, Norway and Singapore. None of us comes from the Netherlands; actually, the firm was started in London in 1990. The Netherlands was a strategic choice to open an office for us; location, work climate, an enthusiastic design culture – our mixed backgrounds made this the most interesting location to also explore the world. 'Whether or not to come here was not a difficult question. All of us came here for our own reasons but, in a way, the Netherlands is promoted as a kind of Hollywood for architects. If you want to become an actor, you go to Hollywood; and if you want to become an architect, you come here. Even though the situation is clearly different now, there is still no other country where the design culture is omnipresent. Whether we should stay here much longer is a much more difficult question to answer. I believe architects are like a nomadic people. In essence, they should be able to do their work anywhere. Globalization also has its advantages. You know the expression, 'Think global, act local'? That applies to us as well. Globalization does not have to conflict with an involvement with a place.

Schotsen ('floes') was conceived by Maarten Schmitt, city architect for Groningen at the time. It is an anecdotal reference to ice floes floating in the sea. The role of the sea is played by public space; buildings are floes. The metaphor is a popular adaptation of the garden city concept: residential blocks in a sea of greenery with an added principle of form. Is the way in which a building is created characteristic of the end of the twentieth century?

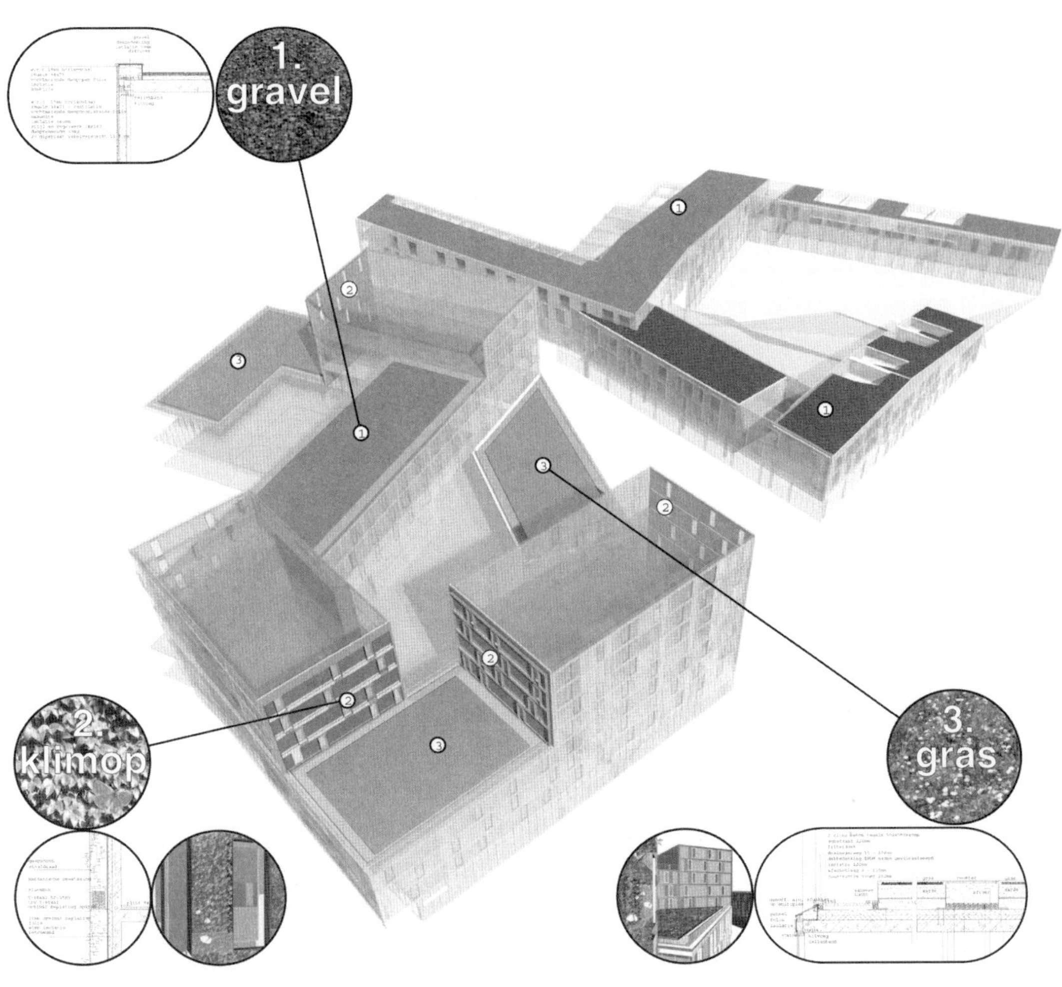

Hamfelt: In the 1990s, there was a prevailing idea that every building had to have its own identity. This is short-sighted and superficial, an island mentality. Dutch designers often go for a 'funky form'. It's architecture that seems to say, 'Look at me – I've been made to be looked at!' Naturally, the architectural idiom of 1990s Dutch architecture had a great impact on us. We sought a cohesive entity of building and environment. The complex includes two supermarkets, 300 underground parking spaces, three collective roof gardens, 4,500 m² of commercial space and a police station. It houses 150 rental apartments. Everything is connected by a spatial access structure. We did everything we could to weave the collective spaces with the residential buildings, in order to make Schotsen a full-fledged part of the city. We approached it as a single building with a shopping centre woven into the main public route. The outside world encroaches into the building in all sorts of ways. It's a smart building.

The complex is formed by snaking strips of buildings that seem to have been set in a continuous landscape. In the press, the term 'megaform' was applied to the complex; it seeks out the boundary between building and landscape. Whether that landscape is red (built-up area) or green (nature area) remains unanswered. This dichotomy is evaded in the design.
The project, the first work to be realized by S333, is a masterpiece. Whereas beginning colleagues often produce a shed or a dormer window as their first construction, this foursome produced a large, expensive (2.5 million euros), extensive and imposing project. Anyone who can manage this on their first outing should be able to manage just about anything. Is it a coincidence that the firm is not polemic in nature?

Hamfelt: That's not true; we are definitely polemic and, in fact, political. We try to formulate positive change in the environment that we work in. We publish. I also write, and we teach at various schools. Above all, we really love designing in new ways. We love putting design to use in finding the best solutions for complex problems.
We invested a great deal in this building; we won the Europan 3 competition with it 11 years ago. Construction took almost four years. Recently, a fellow architect told me that the era of 'fun architecture' is over. I think that's an interesting thought. In the Netherlands, fun dominated for a long time. We never produced fun designs as statements, and we were not discovered as rising talents at the age of 30, either. Luckily. We take our work very seriously.
I'm proud of the detailing – a lot of care went into that. Ironically enough, we found inspiration for it in the work of Mies van der Rohe – among others. For good details, you need to pay attention to materials and to connections. As I said, we invested

a lot in this building – not opting for the quick and cheapest solution, but digging deeper for good combinations of materials. We made every effort to keep the building from becoming monotonous. In both buildings, we incorporated all forms of transparency and western red cedar in one of the long façades.
The façades have turned out to be fantastically three-dimensional; they flow into one another. You really can't identify an end façade in Schots 1. I'm also proud of these slow steps at the entrance to dwellings in Schots 2 part. I am proud that housing has been nominated for this prize.

S333

S333 Architecture + Urbanism officially opened its studio in 1997 in the Netherlands, choosing Amsterdam for its international appeal. The studio is composed of a multi-national team of architects and urban designers led by four partners: Burton Hamfelt (Canada), Christopher Moller (New Zealand), Dominic Papa (England) and Jonathan Woodroffe (England). Success in competitions has played a key role in winning contracts and focusing attention on the practice. The studio is currently working on a number of architectural and urban projects in the Netherlands, New Zealand, the United Kingdom, Singapore and Norway.
S333 believes that our age is being defined by an increasing process of urbanization which is throwing into question conventional urban design solutions. S333 has therefore entered this area as a multidisciplinary organization linking their work within this emerging market; combining solutions drawn from architecture, urbanism, landscape design and socio-economics. Given the opportunity, S333 enters the design process earlier than normal, shifting the emphasis from solving singular problems to searching for the right questions.
www.s333.org

JUMBO
elke dag beter!

ZEEMAN textielSupers
ZEEMAN textielSupers
ZEEM

xtielSupers
ZEEMAN textielSupers
ZEEMAN textielSupers

Blz.
Blz. 't Hartje
Blz.
Boeken
CHINEES INDISCH
BEZORGCENTRUM

Forever young of vroegoud

Nederland ligt er bij als een natte zandbak. Er is gesomberd over de vernietiging van het klassieke Hollandse dijkland-schap en er is steen en been geklaagd over de aantasting van het cultuurlandschap in de Betuwe. Er worden zware noten gekraakt over de horizonvervuiling door wildgroei van wind-molens. Er wordt gespot over de belachelijke tunnel van een miljard onder het Groene Hart. Men kankert er driftig op los als het gesprek komt op de wildgroei van drempels, sluizen, profielen en andere chicanes. Iedereen kent de klachten over de ijzeren greep van Gamma op de vinexwijken en de Witte Schimmel langs de randen van de oude dorpen. En natuurlijk kent iedereen aan den lijve de ellende van het almaar voort-denderend bouwgeweld in hartje Den Haag, hartje Amster-dam, hartje Arnhem; men is al blij als het net weer even wat minder is, zoals in hartje Rotterdam en hartje Groningen. Of midden in de nacht. Of in de bouwvak.

Dit alles is algemeen bekend, maar al deze vormen van bouwwoede worden slechts zelden besproken als symptomen van hetzelfde nationale onvermogen. Het onver-mogen om goed te plannen, goed aan te besteden, goed te begeleiden en dingen soms gewoon niet te doen. Het onvermogen om eens even niet te luisteren naar de lobbies van havens, vliegvelden, transportmaatschappijen, investeerders, ontwikke-laars en ambitieuze wethouders. Het onvermogen, ook, om goed te onderhandelen met bouwers voor wie de prioriteit bij de aandeelhouderswaarde ligt en niet bij het kunstwerk Nederland of de kwaliteit van het publieke domein. Het onvermogen, tenslotte, om trots te zijn op onderhoud in plaats van op verandering. Wie nu door dit kikkerlandje rijdt per auto, trein of fiets ziet dat het allang niet meer om inciden-ten gaat. Overal ligt het open, is het opgebroken, in staat van aanbouw, verbouw of sloop, en overal duren de projecten veel te lang. Langzaam maar zeker ontstaat het breed gedeelde gevoel massaal opgelicht te zijn voor de aanleg van een reusachtige nationale bouwput. Een omgekeerde toren van Babel.

Wat een rotgevoel, zeker als je het vergelijkt met het elan van de jaren negentig. Toen werden al die projecten voorbereid en gingen de initiatiefnemers en ontwerpers nog uit van de economische voorspoed die het gevolg zou zijn, en van de trots van de aannemers die bij de realisatie betrokken zouden worden. Dat was de tijd dat er driftig scenario's werden geschreven voor Nederland ver in de eenentwintigste eeuw en men altijd op zoek was naar 'vernieuwende concepten'. En dat was de tijd waarin men dol was op Jong & Gedurfd.

Jong & Gedurfd hadden trouwens om nog een andere reden het tij – wat heet, het springtij – meer dan mee. Als door een soort historisch magnetisme gingen alle maatschappelijke krachten even één kant op. Zo werd de jonge generatie sterk ondersteund door een krachtig architectuurbeleid dat vanaf begin jaren negentig de rol van vaandeldrager doelbewust van de bouwsector naar de sector cultuur dirigeerde. Die laatste is van oudsher meer geïnteresseerd in avant-garde en nieuwe ideeën, en minder in het moeizame proces van langzame realisatie van gemiddelde kwaliteit. Door veel nieuwe instellingen die vanuit de cultuur naar de architectuur keken werd dan ook de loftrompet gestoken over de creatieve kracht van jonge Nederlandse ontwerpers. Die kregen tentoonstellingen, onderzoekssubsidies, werkbeurzen – en daarmee de middelen om tot een ongekende conceptuele bloei te komen. Deze concepten vonden bovendien gretig aftrek in de voorbereidende fase van al die bouwplannen die nu 'onder constructie' zijn. Vrijdenken staat vrij zolang er nog geen spa de grond in is. Niet alleen individuele ontwerpers genoten toen overigens van hun jeugd. Ook instellingen waren allemaal jong en onbedorven: het NAi, Stimuleringsfonds, Architectuur Lokaal, de plaatselijke architectuurcentra. Iedereen was bezig zichzelf uit te vinden. Leve het experiment. Leve het concept. Met concepten is immers alles mogelijk. Met concepten openen zich nieuwe horizonten, worden opdrachtgevers en het publiek gepaaid, en worden bouwputten geopend. Dat is dan ook massaal gebeurd. De architectuur werd het laatste breekijzer van een maakbare samenleving. En maakbaarheid is altijd het leukst in de voorbereidingsfase.

Is er nog iets over van dit elan? Toch wel. De AM NAi-prijs houdt moedig stand tegen een grote overmacht van desillusie en keiharde bezuiniging. Hij werd in het leven geroepen op het moment van de kentering en beleeft inmiddels zijn tweede aflevering. Kan deze prijs wellicht iets van de wolkenridderij bewaren? Rechtvaardigt de prijs een blijvend beroep op het fenomeen van Jonge Architect. Heeft de jeugd nog meerwaarde of wordt het weer als vanouds: slechts een investering voor toekomstige revenuen?

Er is geen betere graadmeter voor het antwoord op deze vragen dan de inzendingen voor de prijs zelf. Immers, hier is niet alleen sprake van het gedachtegoed van de jonge architect, maar ook van het resultaat van dat gedachtegoed. De prijs gaat naar een voltooid gebouw van ontwerpers die op het moment van oplevering de veertig nog niet gepasseerd zijn. Uitgaande van de vaststelling dat jongere ontwerpers in Nederland al zoveel kansen krijgen, kan er gekozen worden uit volwassen bouwwerken en deze unieke eigenschap van het Nederlandse architectuurlandschap in de lucht worden gestoken. Rechtvaardigt de kwaliteit van dit werk ook echt alle jubel en de enorme verantwoordelijkheid die op de schouders van de ontwerpers wordt geladen? Want het wordt hún taak iets overeind te houden van de bijzondere eigenschappen en het imago van het Nederlandse architectuurmodel.

Op het eerste gezicht moet deze vraag onmiddellijk positief worden beantwoord. Wie langs de inzendingen loopt wordt overweldigd door een groot aantal projecten waar de professionaliteit vanaf straalt. In feite is dat de eerste en meteen ook de laatste boodschap die deze projecten afgeven. De ontwerpers zijn jong, maar het resultaat is uiterst professioneel. Zo professioneel zelfs, dat de ingestelde leeftijdsgrens volstrekt arbitrair en niet ter zake doende lijkt. Waarom zou je jeugdig elan bekronen als het werk van de jeugd zich in weinig van de volwassen oeuvres onderscheidt? Waarom zou je apart gaan kijken naar de verdiensten van een jonge generatie als deze generatie helemaal niet opvalt? Professionaliteit is tegelijkertijd een indrukwekkend resultaat en het bewijs van een gebrek aan eigenzinnigheid die hier nu net aan de orde had moeten zijn. Het is een egaliserende eigenschap die visies, generaties en stijlen overbrugt.

De vraag wordt dan meteen waarom het werk zo professioneel kan zijn. Daarvoor zijn verschillende redenen. Ten eerste werken veel inzenders op grotere bureaus, waardoor ze gebruik kunnen maken van veel kennis en ervaring. Ook al is de auteur van het werk jong, zijn of haar werkkring is gepokt en gemazeld; het werk had de burelen nooit verlaten als het niet door de kritische blik van de oudere ontwerpers was beoordeeld en in orde bevonden. Ten tweede werken vrijwel alle inzenders inmiddels op basis van ontwerpsoftware die zorgt voor een soort universele degelijkheid. Ontwerpen die zijn gebaseerd op programmatuur met een uitgebreide database en een voortdurende check op vigerende regelgeving vertonen al snel professionele trekken. Voeg daarbij de rekenkracht en computersnelheid waarmee allerlei varianten kunnen worden geproduceerd en beoordeeld, en het wordt duidelijk dat de computer zorgt voor een heel behoorlijk minimumniveau. Onder dat niveau zal een ontwerp niet eens het licht zien. De lezer van dit boek ziet wat deze professionele toetsing goed heeft doorstaan – allemaal gerealiseerde projecten. Veel ontwerptalent heeft zich niet geconcentreerd op het bijzondere, maar op het gemiddelde: dé garantie voor een snelle carrière. Het zal de lezer ook niet verbazen dat de jury deze 'output' van veel grotere professionele bureaus niet honoreerde.

Uiteraard gaat het bij een prijs niet om het minimum- of het gemiddelde niveau, maar om het maximumniveau dat bereikt kan worden. Aan talent en genialiteit kunnen ook oudere collega's, bouwbibliotheken en digitale rekenkracht niets bijdragen. Daarvoor zijn eigen wil en uitmuntendheid vereist. En zo vallen al die eenvoudig professionele projecten uiteindelijk af en blijft een heel kleine groep ontwerpen over die naast professioneel ook nog eens origineel is. Voor die groep is de prijs natuurlijk bedoeld. Het gaat, excusez le mot, om de elite. Elite mag als begrip al lange tijd niet gebruik worden. Het is al veertig jaar in verval. Eerst werd het besmet verklaard en gekoppeld aan 'de arrogantie van de macht'. Vervolgens werd het ook theoretisch onhoudbaar verklaard, omdat immers niemand mocht vaststellen waarin kwaliteit zich onderscheidde van gebrek aan niveau. In alomtegenwoordig cultuurrelativisme en politieke correctheid was uitmuntendheid verdacht. Maar bij deze prijs kunnen we niet langer om die kwestie heen. En het is interessant om te zien wat er gebeurt als zij in het hart van deze beschouwing wordt geplaatst.

De vraag wordt dan of er inzendingen zijn die niet alleen heel professioneel, maar ook uitzonderlijk goed zijn. Die het jonge verbinden met het visionaire. Die het conceptuele experiment vertegenwoordigen en tegelijkertijd de ambachtelijkheid vertonen die de proof of the pudding moet zijn. Zijn er inzendingen die van architectuur meer maken dan een oplossing van een probleem? Die meer doen dan louter voorzien in accommodatie van een gegeven programma? Zijn er inzendingen die architectuur als cultureel medium ondersteunen en haar zelfvertrouwen relevant te zijn ondersteunen? Het antwoord is ja, maar dat ja wordt slechts ondersteund door enkele projecten.
Hoe weinig het er ook zijn, ze maken het mogelijk iets te zeggen over de methode om tot dergelijke relevantie te komen. Alle genomineerde projecten zijn in mindere of meerdere mate gestoeld op een ijzersterk concept. Ze zijn gebaseerd op een gedachte, een unieke reflectie over een gegeven probleem. Bij FastFerry van DaF-architecten is dat misschien nog het minst zichtbaar. Het betreft een eenvoudige abri. Maar de essentie van het verblijf in een abri is het collectieve wachten. Wat kun je beter doen dan met zijn allen van het uitzicht te genieten? Dat biedt het project dan ook: de troonsbestijging van het uitzicht. In de BasketBar van NL Architects is het idee de hybride combinatie van twee contrasterende studentenplekken bij uitstek: de pub en het sportveld. In deze combinatie geeft het project antwoord op een vraag die voorheen nooit gesteld had kunnen worden. Het verruimt letterlijk het architectonisch bewustzijn. Bjarne Mastenbroek doet in zijn theehuis op de Posbank iets anders. Het is een demonstratie van ruimtelijke virtuositeit, een wandeling als langzame apotheose van 'in de natuur zijn' tot 'naar de natuur kijken'. Daarnaast is het gebouwtje één grote

demonstratie van referenties aan het actuele ontwerprepertoire, een eclectisch geheel. S333 tenslotte hebben in Groningen laten zien dat openbare ruimte in een vloeiende beweging kan verlopen van maaiveld naar daklandschap, daarbij de mate van openbaarheid gestadig verliezend. Er ontstaat een spel van kwalitatief bepaald publiek gedrag en kwantitatief bepaalde stedelijke dichtheid.

Hoezeer deze genomineerde projecten ook verschillen in ambitie, schaal, thematiek, programma en uitvoering, ze komen overeen in het culturele surplus: de wil om architectuur een cultureel medium te laten zijn, een visie en een blijk van opti- misme dat verder reikt dan het project zelf. Een architectuur die de menselijke wil verheerlijkt, het geloof dat ruimtelijke intelligentie nieuwe gewaarwordingen kan be- werkstelligen en nieuwe vormen van gedrag kan genereren. Juist op dit niveau zijn de reacties op architectuur niet lauw, maar enthousiast, geïrriteerd, geïnspireerd enzovoorts.

En nu is natuurlijk de vraag of met deze oogst ook een antwoord kan worden gege- ven op de maatschappelijke klimaatwending die aan het begin van dit essay onder woorden werd gebracht. Zijn deze bouwwerken naweeën van de gay nineties van de twintigste eeuw of een teken van vertrouwen dat het conceptuele vermogen nog altijd kansen heeft? Zijn het geïsoleerde projecten die hoogstens voor een enkeling de hoop op de kracht van de architectuur in leven houden, of zijn het tekenen van deze hoop als zodanig? Zijn ze, kortom, de uitzondering of de regel? Laat ik deze tekst niet met een antwoord beëindigen, maar alleen met die vragen zelf. Kan de AM NAi-Prijs een krachtig argument zijn voor het blijven zoeken naar de innovatieve kracht onder jonge ontwerpers, of wordt ze het alibi voor een tot louter cultuur her- leide architectuur die zich alleen nog met zichzelf wil bezig houden? In ieder geval zijn er twee indicatoren die een begin van een antwoord op deze vragen geven. Worden de genomineerden vanaf nu voor grotere en ingewikkelder projecten inge- zet en zal hun talent zich zodoende verspreiden? En met welke argumentatie zijn de ontwerpers bereid de prijs dan wel nominatie te accepteren? Als deze kwesties het hart van het te voeren debat zullen uitmaken is er veel gewonnen.

Ole Bouman

Forever Young or Prematurely Old

The Netherlands looks like a wet sandpit these days. Gloomy pronouncements circulate about the destruction of Holland's classical dike landscape. There are loud complaints about encroachments on the agrarian landscape in the Betuwe. Ponderous warnings are sounded about horizon pollution caused by the unchecked proliferation of wind turbines. Ridicule is heaped on that preposterous tunnel under the Green Heart area. Turning the conversation to the metastasis of thresholds, channels, profiles and other chicanes unleashes a chorus of grumbling. Everyone's heard the lamentations about Vinex suburbs under the iron grip of the Gamma D-I-Y chain and the 'white fungus' of new-build subdivisions sprouting up on the fringes of traditional villages. And of course everyone has experienced first-hand the never-ending construction chaos in the heart of The Hague, in the heart of Amsterdam, in the heart of Arnhem, and one counts one's blessings when it quiets down even a little, like in the heart of Rotterdam and the heart of Groningen. Or in the middle of the night. Or during the construction industry holiday period.

Every one of these indictments is widely known. Yet all these forms of building madness are seldom discussed as symptoms of the same national inability – the inability to plan properly, to assign commissions wisely, to manage projects competently, to simply not do certain things. The inability not to listen, for a change, to the lobbying of port authorities, airports, transport companies, investors, developers or ambitious city councillors. The inability to bargain shrewdly, as well, with builders whose priorities lie in their shareholder values and not in the project of the Netherlands or the quality of the public domain. The inability, finally, to take pride in upkeep rather than change. Anyone travelling across this soggy country, be it by car, train or bicycle, can see that this has long ceased to be a matter of isolated incidents. Everywhere, sites are cleared, excavated, undergoing construction, renovation or demolition, and the projects always take far too long. Slowly but surely a widely shared feeling is spreading that this is a massive swindle to create a gigantic national construction pit – an upside-down Tower of Babel.

What a depressing feeling, when you compare it with the élan of the 1990s, when all these projects were in preparation, and their backers and designers still assumed that economic prosperity would result from them and that contractors would be proud of participating in their implementation. Back when scenarios were feverishly outlined for the Netherlands far into the twenty-first century, and there was a constant quest for 'innovative concepts'. Back when everybody loved the Young & the Bold.

There was incidentally another reason why the Young & the Bold were able to ride on the crest of this wave. A spring tide would be a better description – a sort of historical magnetism in which all social forces flow in one direction for a time. The new generation was substantially supported by a forceful architecture policy which from the early 1990s had deliberately shifted the role of standard-bearer from the building sector to the culture sector. The culture sector has always been more interested in the avant-garde and new ideas than in the difficult process of slowly implementing a stable level of quality. And so many of the new institutions that looked at architecture from a cultural standpoint trumpeted the praises of the creative power of young Dutch designers. They were given exhibitions; they were given research subsidies; they were given work grants and thereby the means to achieve an unprecedented conceptual flowering. And these concepts were also eagerly incorporated in the preliminary phases of all these building projects now 'under construction'. There's no limit on imagination so long as the ground hasn't been broken yet. Nor was it only individual designers who were enjoying their youth. Institutions were all young and unspoiled as well: the NAi, the Netherlands Architecture Fund, Architectuur Lokaal, all the local architecture centres. All were inventing themselves. Hurrah for the experiment. Hurrah for the concept. With concepts, after all, anything is possible. Concepts reveal new horizons, placate clients and the public and open construction sites. And they did, on a massive scale. Architecture became the ultimate implement of a makeable society. Manufacturability is always most fun in the preliminary phase.

There is nothing left of this élan. Nothing? Not quite. The AM NAi prize is bravely holding its own against an overwhelming tide of disillusion and draconian budget cuts. Created at the moment the tide turned, it is now in its second edition. Can this prize perhaps preserve some of that high-flying spirit? Does this prize justify a continuing appeal to the Young Architect phenomenon? Is there still a special value in youth, or is it, as usual, only an investment for future revenues?

There is no better gauge to answer these questions than the entries for the prize. After all, what is at stake is not just the ideas of the young architect, but also the results of these ideas. The prize is awarded to a finished building by designers who are under 40 at the time of completion. As younger designers in the Netherlands already get so many opportunities, one can choose from among full-fledged, mature structures, and this unique characteristic of the Dutch architecture landscape can be duly celebrated. But does the quality of the work justify all this jubilation, and with it the huge responsibility placed on the shoulders of the designers, that is, to preserve something of the special characteristics and image of the Dutch architecture landscape model? At first glance this question must immediately be answered in the affirmative. In reviewing the entries, one is overwhelmed by a large number of projects that exude professionalism. In fact this is the first, and straightaway also the last, message that these projects communicate. However young the designers, the result is utterly professional. So professional that the stipulated age limit seems entirely arbitrary and irrelevant. Why reward youthful élan if it is expressed through work that is barely distinguishable from established oeuvres? Why examine the merits of a young generation separately if this generation does not stand out in any way? Professionalism, therefore, is both an impressive result and a lack of maverick daring, which is precisely what should emerge here. It is an equalizing quality that bridges visions, generations and styles.

This immediately begs the question of why the work can be so professional. There are several reasons. Firstly, many of the entrants work in larger firms and can therefore make use of a significant pool of knowledge and experience. While the creator of the work may be young, his or her working associates are old hands at the craft, and the work would never have been allowed out of the office had it not been submitted to the critical review of the older designers and been deemed worthy. Secondly, the entrants by now all work, virtually without exception, with design software that makes for a kind of universal thoroughness. Designs based on programmes incorporating an extensive database and a constant checking of applicable regulations are more likely to produce professional results. Factor in the computing power and digital speed with which all manner of variants can be produced and tested, and it is clear that the computer makes for a quite respectable minimum standard. Failure to reach it means a design won't even see the light of day. Readers of this book, however, can see what did pass the test of professionalism, all completed projects, and it will not be difficult to conclude that much designing talent was concentrated not on the unusual, but on the average, the guarantee for a rapid career. Nor will it surprise readers that the jury chose not to honour the output of many of these large professional firms.

Obviously, a prize is not about a minimum or average standard, but rather the maximum standard attainable. Older colleagues, building libraries and digital computing capacity can contribute nothing to talent and genius. These require individual will and excellence. And so all these professional projects are ultimately eliminated, and what remains is a very small group of designs that are original as well as professional. This is the group for which the prize is destined, of course. They are, if you'll pardon the expression, the elite. This is a word that has long been frowned upon. It has been out of fashion for forty years. First it was declared tainted and associated with the 'arrogance of power'. Then it was declared theoretically untenable as well, since after all no one could specify where quality differentiated from a deficiency in standards. In a climate of omnipresent cultural relativism and political correctness, excellence was suspect. But now that there is a prize, we can no longer avoid the question, and therefore it is interesting to see what happens when it is moved to the centre of this review.

The question is therefore whether there are entries that are not simply highly professional, but also exceptionally good. That link the youthful to the visionary. That represent conceptual experiment and at the same time demonstrate the craftsmanship that must be the proof of the pudding. Are there entries that turn architecture into more than a solution to a problem? That do more than simply provide an accommodation for a given programme? Are there entries that support architecture as a cultural medium and support its self-confidence to be relevant? The answer is yes, but it is a yes that can be borne out by only a few projects. Yet however few they may be, it is now possible to say something about the method for arriving at such relevance. What stands out about the nominated projects is that they are all, to a greater or lesser extent, grounded in a solid concept. The projects are based on an idea, a unique reflection on a given problem. This is perhaps least evident in DaF-architecten's Fast Ferry. This is a simple transport shelter. But the essence of time spent in a transport shelter is collective waiting. What better way to spend the time than in collectively enjoying the view? That is what the project offers: the view is enthroned. In the BasketBar by NL Architects, the idea is the hybrid combination of two contrasting locations quintessentially associated with student life: the pub and the sport arena. In this combination, the project answers a question that could never have been posed before. It literally expands architectural consciousness. In his teahouse on the Posbank, Bjarne Mastenbroek does something different. It is a demonstration of spatial virtuosity, a stroll as a slow apotheosis from being in nature to looking at nature. In addition the little building is a great demonstration of references to the current design repertoire, an eclectic whole. S333, finally, have demonstrated in Groningen that public space can progress in a fluid movement from ground level to roof landscape, gradually diminishing its public aspect in the process. It creates a play of qualitatively determined public behaviour and quantitatively determined urban density.

However divergent these nominated projects may be in ambition, scale, themes, programme and execution, they have in common their cultural surplus, their will to make architecture a cultural medium, a vision and a demonstration of optimism that reaches beyond the project itself. An architecture that glorifies the human will, the belief that intelligent use of space can bring about new revelations and generate new forms of behaviour. It is on this level that reactions to architecture are not tepid but instead enthusiastic, irritated, inspired, and so forth.

And now the question is, of course, whether this crop of projects can provide a response to the social climate change described at the beginning of this essay. Are they echoes of the twentieth century's Gay Nineties or a sign of confidence that conceptual ability can still find outlets? Are they isolated projects that at most keep alive the hope for the power of architecture in the minds of a few, or are they tokens of this hope as such? In short, are they the exception or the rule? I conclude not with an answer but simply with the questions themselves. Can the AM NAi Prize be a forceful argument for continuing to seek out innovative power among young designers, or will it become an alibi for an architecture diverted into pure culture, interested only in itself? In either case, two indicators provide the beginnings of an answer to these questions: 1) Will the nominees henceforth be commissioned for greater and more complex projects, disseminating their talent along the way? 2) With what arguments are the designers prepared to accept the prize or nomination? If these questions become part of the core of the debate soon to take place, much will have already be gained.

Ole Bouman

NL Architects
The Basket Bar
Genevelaan 4-8
Utrecht

Architect: NL Architects, Amsterdam
Projectarchitecten/Project Architects: Pieter Bannenberg, Walter van Dijk, Kamiel Klaasse, Mark Linnemann
Medewerkers/Contributors: Caro Baumann, Sybren Hoek, Kirsten Huesig, Nataly Lavi, Friso Leeflang, Jennifer Petersen, Misa Shibukawa, Rolf Touzimsky, Richard Woditsch
Bouwmanagement/Building Management: Berenschot Osborne, Utrecht
Ontwerp – Oplevering/Design – Completion: 2000 - 2003
Opdrachtgever/Client: Universiteit Utrecht Huisvesting, Aryan Sikkema, Utrecht
Aannemer/Contractor: Bouwbedrijf Van den Hengel bv, Soest
Constructeur/Structural Engineer: Adviesbureau voor Bouwtechniek bv ABT Velp
Adviseur installaties/Mechanical Engineers: Ingenieursburo Linssen bv, Amsterdam
Installaties/Installations: Van Losser bv, Rijssen
Interieurarchitect/Interior Designer: De Drie Musketiers, Eindhoven
Boekhandel Broese: Henry Betting, Diepenheim
Landschapsarchitect/Landscape Architect: NL Architects, Amsterdam i.s.m./with West 8, Rotterdam

SeARCH
Theepaviljoen Posbank
Beekhuizenseweg 1
Rheden

Architect: de architectengroep Rijnboutt Ruijssenaars Hendriks Van Gameren Mastenbroek bv, Amsterdam
Projectarchitect/Project Architect: Bjarne Mastenbroek
Medewerkers/Contributors: Geert Vennix, Alexandra Bonazzi, Willmar Groenendijk, Mark Sloof, Pein Linssen, Michael Davis
Ontwerp – Oplevering/Design – Completion: 1997 - 2002
Opdrachtgever/Client: Vereniging Natuurmonumenten, 's-Gravenzand
Aannemer/Contractor: BAM, Arnhem
Constructeur/Structural Engineer: ABT, Velp

DaF-architecten
FastFerry
Willemskade
Rotterdam

Architect: DaF-architecten, Rotterdam
Projectarchitecten/Project Architects: Daan Bakker, Catherine Visser,
Paul van der Voort
Medewerkers/Contributors: Falco Webbink, Andreas Müller
Ontwerp – Oplevering/Design – Completion: 2001 - 2002
Opdrachtgever/Client: Ontwikkelingsbedrijf, Rotterdam
Aannemer/Contractor: Scheepswerf Hoebée, Van Eyck Haveninrichtingen

S333 Architecture + Urbanism
Schots 1+2
CiBoGa-terrein
Groningen

Architect: S333 Architecture + Urbanism, Amsterdam
Projectarchitecten/Project Architects: Burton Hamfelt, Chris Moller,
Dominic Papa, Jonathan Woodroffe
Medewerkers/Contributors: Hotao Chow, Stig Gothelf, Zvonimir Prlic, Jacob
Sand, Line Thorup Schultz, Melanda Slemint, Fabien van Tomme, Franscesca
Wunderle
Ontwerp – Oplevering/Design – Completion: 1998 - 2002
Opdrachtgever/Client: Development Consortium IMA: ING Vastgoed,
Amstelland Ontwikkeling, Bouwbedrijf Moes BV, Amvest Vastgoed en/and
Nijestee Vastgoed
Aannemer/Contractor: Bouwbedrijf Moes BV, Zwolle
Constructeur/Structural Engineer: Ingenieursbureau Wassenaar BV,
Groningen
Architect publieke ruimte/Designer Public Space:
Will Alsop, Londen/London
Architect semi-publieke ruimte/Designer Semi Public Space:
S333 Architecture + Urbanism, Amsterdam

Colofon/Acknowledgments

Deze publicatie verschijnt ter gelegenheid van de uitreiking van de AM NAi Prijs in het Nederlands Architectuurinstituut te Rotterdam op 03 december 2004.

This publication is to appear on the occasion of presentation of the AM NAi Prize in the Netherlands Architecture Institute, December 03, 2004 in Rotterdam.

Eindredactie Nederlands/Final Editing Dutch: Florike Egmond
Eindredactie Engels/Final Editing English: InOtherWords, D'Laine Camp
Vertaling/Translation: Pierre Bouvier, Bookmakers
Fotografie/Photography:
Ralph Blaettler: 98-101
Luuk Kramer: 25, 28, 29, 30, 31
Hans van Leeuwen: 26, 27
Jeroen Musch: 32
Christian Richters: 49-56
Jaqueline Schellingerhout: 75-77
Vormgeving/Graphic Design: 75B, Rotterdam
Druk/Printing: Drukkerij Die Keure, Bruges
Papier/Paper: Eurobulk, 135gr
Projectleiding/Project leader: Saskia van Stein, Véronique Patteeuw/NAi Publishers
Uitgever/Publisher: Simon Franke, NAi Publishers

Available in North, South and Central America through D.A.P./Distributed Art Publishers Inc, 155 Sixth Avenue 2nd Floor, New York, NY 10013-1507, tel +1 212 627 1999, fax +1 212 627 9484, dap@dapinc.com
Available in the United Kingdom and Ireland through Art Data, 12 Bell Industrial Estate, 50 Cunnington Street, London W4 5HB, tel +44 208 747 1061, fax +44 208 742 2319, orders@artdata.co.uk

NAi Uitgevers is een internationaal georiënteerde uitgever, gespecialiseerd in het ontwikkelen, produceren en distribueren van boeken over architectuur, beeldende kunst en verwante disciplines.

NAi Publishers is an internationally orientated publisher specialized in developing, producing and distributing books on architecture, visual arts and related disciplines.

www.naipublishers.nl
info@naipublishers.nl

Printed and bound in Belgium
ISBN 90-5662-410-5